호흡이
주는
선물

Three Steps to Awakening

by Larry Rosenberg with Laura Zimmerman

ⓒ 2013 by Larry Rosenberg

Interview with Krishnamurti copyright by Madeline Drexler

Korean translation copyright ⓒ Nasimsabooks, 2016

Published by arrangement with Shambhala Publications, Inc.,
Boston through Sibylle Books Literary Agency, Seoul

이 책의 한국어 판 저작권은 시빌에이전시를 통해
미국 Shambhala 사와 독점 계약한 나무를 심는 사람들에 있습니다.

호흡이 주는 선물

Three steps to awakening

가장
단순하고
직접적인
삶의
변화 방식

래리 로젠버그 · 로라 짐머만 지음
미산 스님 · 이성동 옮김

나무를 심는 사람들

일러두기 ———

1. 이 책은 띄어쓰기를 원칙으로 했으나 깨어있음, 마음챙김, 호흡관법 등 관용적으로 쓰이는 불교 용어
   는 붙여쓰기를 하였습니다.
2. 별도 표기가 없는 한 모든 용어는 빨리 어를 기본으로 하였습니다.
3. 빨리 어 sati의 영어 번역 awareness는 '알아차림' '깨어있음' '마음챙김' 등의 용어를 문맥에 맞게 혼
   용하였습니다.

———

지두 크리슈나무르티에게 이 책을 바칩니다.

그가 세상을 떠난 지 수십 년이 흘렀지만
그와 그의 아름다운 가르침이 나에게 끼친 심오한 영향은
너무나도 분명하게 이 책에 녹아 있습니다.
'있는 그대로'를 끊임없이 강조하는 그의 가르침은
이 순간에도 나와 함께 있습니다.

언어를 넘어선 유익함을 준 크리슈나지에게
감사의 인사를 드립니다.

———

지난해 가을, '마음과 삶 연구원'(The Mind & Life Institute) 주최로 미국 보스턴에서 열린 마음 수행 및 명상 관련 국제 심포지엄(International Symposium for Contemplative Studies 2014)에 참석하였습니다. 약 150여편의 논문과 250여 종의 연구를 소개하는 대규모 학술회의였습니다. 정신세계와 명상에 관한 연구와 관심이 매우 빠르게 확산되고 있음을 실감할 수 있었습니다. 명상 관련 연구가 약 15년 전 역자가 하버드 대학교 세계종교연구원으로 재직할 당시의 상황과는 사뭇 다른 양상으로 발전하고 있었습니다. 명상과 영성 문화가 종교의 영역을 벗어나 교육과의료 분야뿐만 아니라 예술과 문화의 영역에 이르기까지 폭넓게 스며들고 있음이 퍽 인상적이었습니다.

심포지엄을 마치고 하버드 대학 근처에 있는 케임브리지 통찰명상센터의 명상 스승이신 이 책의 저자 래리 로젠버그 씨를 찾아갔습니다. 오랜만에 만났는데 늘 함께 있었던 것처럼 친밀하고 따뜻하게 맞아 주셨습니다. 이제 팔순이 넘는 연세에도 수행 지도에 대한 열정은 식지 않고 그대로였습니다. 그는 『일상에서의 호흡명상, 숨』이라는 책을 발간한 이후 현대인들이 좀 더 쉽고 바르게 마음 수행을 할 수 있는 방법을 고안하여 『호흡이 주는 선물』이라는 책을 펴냈습니다. 첫 번째 책에서 소개한 16단계의 고전적 호흡관법을 축약하여 3단계의 명상 수행법으로 정리한 것입니다. 지난번 책에 이어 이 책도 한국어로 번역하겠다고 말씀드렸더니 아주 기뻐하셨습니다. 흔쾌히 한국어 서문을 써 보내셨습니다. 존경과 감사의 마음 전합니다.

이 책의 특징은 붓다가 설한 『호흡관법경』의 16단계 호흡관법을 '사마타'(samatha, 止)와 '위빠사나'(vipassanā, 觀)의 2단계와 선불교의 정수인 '명징한 바라봄'을 포함하여 3단계로 축약하였습니다. 눈과 귀 등 5감각 기관으로부터 들어오는 5감 정보와 생각과 감정 등의 번거롭게 들떠 있는 분별 의식을 호흡에 집중함으로써 고요하고 차분하게 합니다. 『호흡관법경』의 16단계 중에서 처음 1~2단계는 들숨과 날숨의 길고 짧음의 양상을 알아차리면서 차분하게 한다면 3단계는 호흡의 처음과 중간과 끝을 전부 알아차리면서 오로지 호흡에 마음을 집중시키는 것입니다. 이 책의 행법은 바로 이 세 번째 단계로부터 시작합니다. 요령은 온몸에서 나타나는 호흡 현상에 집중하는 것입니다. 순간순간 온몸에서 가장 뚜렷하게 느껴지는 호흡을 자연스럽게 알아차리는 것입니다. 호흡 알아차림을 통해서 몸과 마음이 편안하고 고요하게 통합되어 감을 경험하게 되는데 이는 16단계 중 네 번째 단계입니다. 호흡 집중을 통해서 얻어진 편안함과 고요함이 조화롭게 드러난 상태의 몸과 마음입니다. 이 상태를 바탕으로 16단계 중 5단계~16단계까지는 느낌과 감정, 마음에서 일어나는 다양한 생각들을 무상, 고, 무아의 관점에서 있는 그대로 관찰하는 것입니다. 이 책에서는 이것을 하나로 묶어서 호흡에 닻을 내리고 알아차리기라고 합니다. 우리는 흔히 '나' '나의 것'이라는 관습적 개념을 기준점으로 삼아 생각하고 느끼며 다양한 감정을 갖습니다. 이 두 번째 단계의 수행은 맹렬한 힘으로 에고를 꽉 잡아 닻으로 삼는 것을 호흡을 굳건한 닻으로 삼도록 기준점을 옮겨 줍니다. 호흡을 닻으로 하여 몸과 마음 그리고 주변 환경에서 인식되는 모든 것은 일어났다 사라지고, 괴로움이라는 갈등 구조로 이루어져 있으며, 영원불변의 실체로서 '나'라는 것은 없다는 것을 늘 알아차리는 것입니다. 몸이라는 물질 작용은 물론이고 느낌, 생각, 의지, 정서, 추리 등 모든 정신 작용도 집착의 대상이 아니라 알아차림의 대상입니다. 16단계의 마지막이 호흡을 닻으로 하여 모든 대상을 알아차리고 놓아 버려 흘러가도록 하는 것입니다. 여기서 호흡인 닻조차도 놓아 버리고 어떤 대상이든지 지금 여기에서 현존하는 것을 선택하지 않고 알아차리며 깨어있는 것이 세 번째 단계입니다. 대상을 바라보는 자와 보이는 대상도 사라지고 오로지 명징한 바라봄만이 현존하는 것입니다.

래리 로젠버그는 존 카밧진, 조셉 골드스타인, 샤론 잘즈버그 등과 같이 서양을 대표하는 제1세대 현대 명상 스승입니다. 이들의 공통점은 상좌부 위빠사나 수행법의 스승들, 인도의 지두 크리슈나무르티와 같은 명상 구루들, 그리고 한국과 일본 선불교의 선사들로부터 전통적인 수행법을 전승하여 완전히 체화한 다음 현대적 언어와 참신한 방법으로 명상법을 전하고 있다는 것입니다. 한국의 젊은 세대들에게는 전통적인 불교 서적보다 오히려 서양의 스승들이 쓴 책들이 쉽게 이해된다는 말을 종종 듣습니다. 이 점과 함께 책의 내용이 한국불교의 독자들에게도 편안하게 느껴진다면 아마도 저자가 숭산 선사로부터 선불교의 가르침을 받았고 대승불교를 바탕으로 상좌부의 수행법을 조화롭게 활용하고 있기 때문일 것입니다.

특히 래리 로젠버그는 이 책에서 『깔라마 경』을 깊이 있게 분석하고 해설해 놓았습니다. 초기불교와 선불교가 공유할 수 있는 관점을 제시한 중요한 경이라 생각합니다. 이 경은 전통과 권위 혹은 통념과 고착된 의식의 틀에 갇히지 말고 항상 심도 있는 질문을 하라고 합니다. 의식의 마침표를 찍어 굳어 버린 마음이 아니라 물음표를 꽂아 삶의 보석을 발견하여 생기 넘치는 삶을 살도록 하는 것입니다. 이 경의 가르침을 관념화된 형식과 틀을 벗어 버리고 자유롭고 활기찬 지금 여기의 삶을 강조하는 선불교의 입장과 적절하게 연결하여 멋지게 해석하고 있습니다.

이 책의 2부에서는 늘 반복되는 일상생활과 만나는 사람들과의 관계 속에서 호흡을 닻으로 하여 어떻게 깨어있는 마음으로 수행할 수 있는지에 대해 자상하게 소개되어 있습니다. 생활 속의 유용한 마음 수행 지침서가 될 것입니다. 특히, 각 장마다 적절한 질문과 대답이 수록되어 있어 실제적인 사례를 통해서 더욱더 쉽게 이해하고 실천할 수 있도록 하고 있습니다.

  이 책이 나오기까지 여러분들의 도움이 있었습니다. 바쁜 일정으로 인하여 책의 번역이 지연되고 있을 때 하트스마일 명상연구회 김은미 님이 이성동 원장님과 공역을 하면 좋겠다고 제안하였습니다. 원장님의 바쁜 진료 일정에도 불구하고 흔쾌히 허락하여 주셨습니다. 덕분에 그나마 해를 넘기지 않고 출판할 수 있어 퍽 다행이라고 생각합니다. 두 분께 감사의 마음 전합니다. 출판사 나무를 심는 사람들 이수미 대표님께도 감사의 마음 전합니다. 원고를 꼼꼼히 읽고 내용에 대한 피드백을 통해 매끄러운 글로 만들어 주셨습니다. 앞으로도 명상과 관련한 좋은 책을 많이 출판해 주시길 부탁드리며 이 책의 출간을 위해 애써 주신 분들에게 지면으로나마 감사드립니다.

  『호흡이 주는 선물』을 읽는 독자들의 몸과 마음이 편안하고 고요하며, 맑고 향기로우며, 따스하고 훈훈하기를 기원합니다.

2016년 1월 1일

상도선원 염화실에서 미산 합장

흔히 서문의 역할은 책의 전반적인 내용을 독자들이 먼저 살펴보게 하는 데 있다고 합니다. 그러나 이 책의 프롤로그에서 자세히 언급하고 있으므로 한국어판 서문에서는 한국의 선 수행자와 도반들에게 감사의 말을 전하고 싶습니다.

우선 미산 스님께 감사드립니다. 그는 고맙게도 나의 책들 중 또 한 권을 번역해 주었습니다. 미산 스님이 이전에 번역한 나의 책『일상에서의 호흡명상, 숨』은 여기 케임브리지에 유학하고 있는 영어에 능통한 한국 학생들을 통해 번역이 너무나 잘되었다는 것을 알고 있습니다. 그가 번역 이상의 것을 했다고 해도 나는 별로 놀라지 않을 것입니다.

미산 스님이 하버드 대학 세계종교연구센터의 선임연구원으로 있을 당시 우리는 1년 동안 같이 공부하고 수행한 적이 있습니다. 나는 그가 '경지에 도달한 것'을 분명히 알고 있습니다. 그가 여러 가지 점에서 이전 책의 후속작인 이 책을 번역하겠다는 의향을 보였을 때 진심으로 기뻤습니다. 나는 잘될 거라고 생각합니다.

스님은 수개월 전 매사추세츠 케임브리지에 있는 나의 집을 몇몇 제자들과 함께 방문했습니다. 우리는 따뜻함과 유쾌한 웃음, 그리고 법에 대한 대화를 하면서 멋진 시간을 같이했습니다. 정말로 그는 나의 친구이며, 미국을 방문할 때 다시 만나기를 기대합니다.

다음으로 한국의 불자들에게 감사의 인사를 드립니다. 한국과의 인연은 거의 40년 전으로 거슬러 올라갑니다. 사회심리학 교수로 10년을 재직한 이후 나는 대학을 떠났습니다. 나 자신과 그리고 때때로 미쳐 가고 있는 우리가 살고 있는 세상을 더 깊이 개인적으로 이해하고자 하는 욕구 때문이었습니다.

나의 첫 불교 스승은 돌아가신 숭산 스님입니다. 스님에게서 공부와 수행을 집중적으로 배우면서 5년을 보냈습니다. 단지 시간만 같이 보낸 것은 아니었습니다. 4년째 되던 해 나는 스님과 함께 한국에 와서 수덕사에서 혹독하게 1년 남짓 수행했습니다. 40대 평범한 남자가 서울에 도착했을 때 가진 것이라고는 왕복 비행기 표와 미화 100달러뿐이었습니다. 불교 관련 대학에서 한 차례 강의를 한 다음, 나이 든 여성이 절을 하면서 따뜻하고 호의적인 미소를 짓고는 내 호주머니에 몇 백 달러인가를 넣어 주었습니다. 여러분도 알다시피 그 당시 수덕사에서 수행하는 데에는 경비가 들지 않았습니다. 그해 나는 가는 곳마다 따뜻한 환대를 받았습니다.

숭산 스님 이야기로 다시 돌아가 봅시다. 스님은 깊은 법의 가르침으로 나의 삶을 더 깊게 변화시켜 주었습니다. 그런데 내가 왜 그를 떠났는지 궁금하실 것입니다. 그 이유는 아주 간단합니다. 스님이 가르치신 오랜 전통으로 잘 확립된 공안 수행이 나와는 맞지 않았기 때문입니다. 숭산 스님과 나는 좋은 친구로서 헤어졌고, 스님이 돌아가실 때까지 서로 연락을 주고받았습니다. 내가 가르치고 있는 케임브리지 통찰명상센터의 첫 법문을 해 주시기 위해 파리에서 비행기를 타고 오시기도 했습니다. 스님의 넓고 깊은 통찰은 호탕한 유머 감각과 같이했습니다. 덕분에 우리 수행 센터는 멋진 출발을 할 수 있었습니다.

내 마음속 깊이 사랑하는 마음으로 한국 독자분들께 합장을 합니다.

감사합니다!

부디 이 책을 읽고 수행하여 조금이라도 내면의 평안과 자유를 얻으시기를 바랍니다.

래리 로젠버그

차례

—— 1부 ——

3단계 명상 수행법

·

지금 어디에서 호흡을 느끼나요? | 1단계 온몸 호흡 알아차림 |

콧구멍이나 아랫배로 한정하지 않고 온몸을 통해서 들숨과 날숨을 알아차린다.

·

호흡은 늘 내 곁에 있습니다 | 2단계 호흡에 닻 내리기 |

나를 꽉 잡고 있는 생각, 감정, 느낌에 매달리고 휩쓸리지 않도록
호흡을 닻으로 삼아서 일어나고 사라지는 생각, 감정, 느낌들을 관찰한다.

·

호흡도 버립니다 | 3단계 선택하지 않고 깨어있기 |

더 이상 호흡에 의지하지 않아도 지금 이 순간 몸과 마음에서
가장 선명하게 일어났다 사라지는 모든 것을 알아차린다.

여섯 살 때 모든 것을 그리고자 하는 열정에 사로잡혀 있었다. 쉰이 될 때까지 수
많은 그림을 그렸다. 그러나 일흔 이전에 그린 그림들은 모두 별 가치가 없다.
일흔세 살이 된 이제야 자연이 갖는 진정한 모습, 그리고 동물, 식물, 나무, 새, 물
고기 그리고 곤충의 더 깊은 모습을 조금이나마 알게 되었다.
여든이 되면 조금은 더 나아가게 될 것이다.
아흔이 되면 나는 사물의 신비를 꿰뚫게 될 것이다.
백 살이 되면 틀림없이 훌륭한 경지에 도달할 것이다.
백 살에 열 살을 더한 나이가 되면 내가 그리는 모든 것, 그것이 선이 되었든 점이
되었든 간에 그것은 살아 움직이는 것이 될 것이다.
나만큼 오래 사는 사람들에게 내가 이 약속을 잘 지키는지를 살펴봐 주기를 부탁
한다.

한때는 호쿠사이(北斎)라고 불렸지만, 지금은 화광노인(畫狂老人)으로 불리는 사람이 일흔다섯에 쓴 글(1835)

—— 프롤로그 ——

숨 쉰다는 것은 살아 있다는 것

너무나 자연스럽고 당연하기만 한 들이쉬고 내쉬는 숨이 우리를 자유롭게 하는 명상 수행의 바탕이 될 수 있을까요?

붓다는 그렇다고 대답합니다. 모두가 당연하게 여기는 호흡이 깨달음의 중요한 기반이라는 것을 붓다는 알고 있었습니다. 붓다는 이를 아나빠나사띠(ānāpānasati), 풀어서 설명하면 '호흡을 통한 완전한 깨어있음'이라고 불렀고, 『호흡관법경』이라고 경전의 이름으로까지 삼았습니다. 붓다는 깨닫고 난 이후에도 호흡 수행을 멈추지 않았습니다.

『호흡관법경』에서 16단계로 호흡을 통해 완전히 깨어있는 법을 가르친 붓다는 이것으로 명상 수행의 기본을 다져 놓았습니다. 붓다 시대 이후로 많은 수행자들이 호흡 명상을 가르쳤고, 연구와 해석을 거듭해 왔습니다.

나는 40여 년간 수행하고, 공부하고, 가르친 경험을 바탕으로 전통적인 16단계 수행을 두 단계로 압축하고 여기에 대상을 선택하지 않고 깨어있기를 더하여 3단계 명상 수행법을 만들었습니다. 하버드와 MIT가 있는 대학 도시인 매사추세츠의 케임브리지에 살면서 나는 마치 박사 학위를 따듯 16단계의 수행에 몰두하는 수행자들을 많이 보았습니다. 학자들에게나 필요한 이런 세밀한 접근법은 종종 명상을 하면서 수행자에게 일어나는 자유로움을 방해하기도 합니다.

3단계 명상 수행법은 엄청나게 바쁘게 돌아가는 세상에 사는 재가 수행자들에게 더 요긴합니다. 왜냐하면 이 수행법이 보다 더 직접적이고, 효율적인 방식으로 『호흡관법경』 전체의 핵심을 전달해 주기 때문입니다.

이 책에서 말하는 수행법은 전통적인 호흡 명상법과 크게 다르지 않습니다. 단지 다른 점은 그 단계를 세 가지, 즉 온몸의 호흡을 알아차리고(whole-body breath awareness), 호흡을 하나의 닻 또는 좋은 친구로 활용하여 지금 이 순간의 몸과 마음, 그리고 호흡을 관찰하는 것(breath-as-anchor), 그리고 그 어떤 것도 선택하지 않고 깨어있기(choiceless awareness)로 나누어 설명한다는 점입니다. 그러나 이렇게 나누었다고 해서, 뒤에 보게 되듯이 전통적인 것과 마찰을 일으키는 것은 아닙니다. 전혀 그렇지 않습니다!

· 몸과 마음을 깨우는 호흡의 힘 ·

내가 처음 호흡 알아차림을 시작한 것은 '공식적으로' 1982년이었습니다. 그때 소개받은 것이 위빠사나(vipassanā, 觀) 즉 통찰 명상이었습니다. 이 명상법은 상좌부 불교에서 온 것으로, 주로 태국, 캄보디아, 미얀마 그리고 인도에서 수행하는 것으로 오로지 호흡에 집중하여 마음을 고요하게 하는 것이 목적입니다. 이렇게 마음이 편안하고 고요한 상태를 사마디(samādhi, 三昧)라고 부릅니다. 사마디는 위빠사나를 준비하기 위한 것입니다. 위빠사나는 몸과 마음에 일어나는 전체 과정의 본질을 꿰뚫어보고 그 속에서 작용하는 진리(法 다르마dharma)의 여여(如如)함을 보도록 합니다. 여기서 말하는 법은 우주의 진리를 의미하고 이 진리는 붓다의 가르침에 드러나 있습니다.

나는 상좌부 불교 위빠사나의 전통에 따라 호흡 알아차림을 배우고, 행하고, 그리고 가르쳤습니다. 그 과정에서 우연히 위말로(Vimalo) 스님을 만나는 행운을 얻었습니다. 그는 독일 승려로서 수년간 미얀마와 태국에서 수행하며 지냈습니다. 호흡 알아차림을 단편적으로 이해하고 있던 나는 그를 통해 새롭게 눈을 뜨게 되었습니다. 그는 나에게 『호흡관법경』을 한번 읽어 볼 것을 권했는데, 명확하고 논리적으로 기술된 그 경전을 통해 나는 제대로 된 가르침을 얻었습니다.

위말로 스님 덕분에 나는 호흡 알아차림을 하나의 완전한 수행으로 이해하게 된 것입니다. 호흡을 알아차린다는 것은 마음을 고요하고 편안하게 하는 것에서 시작하여 감정과 마음 상태를 포함한 몸과 마음의 변화 과정을 알게 하고, 마침내는 통찰과 자유로움에 이르게 합니다.

이 수행이 내 삶의 중심이 되자 나는 위대한 수행자를 찾아 나섰습니다. 다행히 운도 따라서 위대한 베트남 선사인 틱낫한(Thich Nhat Hanh) 스님과 존경하는 아잔 붓다다사(Ajahn Buddhadasa)를 모시고 수행하기도 하고, 아잔 리(Ajahn Lee)의 법맥을 잇고 있는 타니싸로(Thanissaro) 스님으로부터『호흡관법경』에 대해 더 많이 배울 수 있었습니다. 매혹적이면서 때로는 당황스러웠던 점은 이 세 분의 탁월한 스승들이 똑같이 『호흡관법경』을 읽고, 때로는 동일한 번역본을 따르면서도, 그 단어들이 뜻하는 바를 서로 아주 다르게 이해한다는 것이었습니다.

뿐만 아니라 일본 조동종의 지관타좌(只管打坐)도 경험했습니다. 지관타좌는 말 그대로 그냥 앉아서, 호흡하고, 깨어있는 수행법입니다. 조동종에서는『호흡관법경』을 언급하지는 않았지만, 돌이켜 보면 선종에서도 완전한 호흡 알아차림이 있었지만, 단지 그 이름으로 불리지 않았을 뿐입니다.

위에서 언급한 모든 스승들은 분명히 서로 다른 방식으로『호흡관법경』을 가르쳤지만, 모두 호흡 명상을 해탈에 이르는 수행법으로 이해하고 있었습니다. 말하자면 각자의 해석은 모두 근거와 권위를 가진, 모두 다 '올바른' 것이었습니다. 만약 붓다가 다시 돌아온다고 해도, '오로지 한 가지' 해석만을 고집하지는 않을 겁니다. 붓다는 적절한 방편을 사용하는 탁월한 수행자로 제자의 근기에 따라서 적절한 수행법과 법문을 다양하게 활용했습니다.

『호흡관법경』에 내재된 있는 그대로의 본질은 우리가 이 세상에 살면서 직면하는 모든 문제들과 깊이 연관되어 있습니다. 2,500년 전 붓다 당시의 세상에서도 다르지 않았을 것입니다.

나 자신의 수행이 많은 스승들이 『호흡관법경』으로 수행한 햇수만큼 깊어졌을 때 제 나름의 '목소리'를 낼 수 있게 되었습니다. 나의 수행 경험이 녹아 있는 첫 번째 책, 『일상에서의 호흡명상, 숨』이 1998년에 출판되었습니다. 이 책은 『호흡관법경』의 16단계 전체를 해설하였지만, 자매서의 성격을 띤, 『호흡이 주는 선물』은 고전적인 16단계 호흡법을 2단계 호흡법으로 축약하였습니다. 여기에 선택하지 않고 깨어있기를 추가하여 3단계 명상 수행법으로 정리하였습니다.

· 3단계 명상 수행법 ·

경험 많은 수행자들은 이미 편안하게 이완되어 있으면서도 깨어있고, 그러면서도 전적으로 호흡의 감각에 집중하는 것이 얼마나 가치 있는지 잘 알고 있습니다.

첫 번째 단계인 온몸 호흡 알아차림에서 새로운 것이 있다면, 호흡이 가장 뚜렷하게 느껴지는 어떤 부위에 집중해도 된다는 점입니다. 이것은 흔히 말하듯 코나 가슴 또는 배에 집중하라는 주문과는 다릅니다. 직접 해 보면서 어떻게 다른지 느껴 보세요. 초심자든 경험 많은 수행자든 온몸 호흡을 알아차리면 마음이 편안해집니다. 그런 상태에서 몸과 마음에 일어나는 변화들을 지켜보세요.

그런 다음 두 번째 단계인 호흡에 닻 내리기에 들어갑니다. 여기에서는 온몸으로 호흡을 알아차리면서 호흡 이외의 모든 것, 즉 기분, 감정, 감각, 침묵을 포함한 정신 상태를 지켜봅니다. 호흡을 포함하여 모든 것에 대한 집중이 자동적으로 동시에 이루어지는 순간을 느껴봅니다. 이 것은 불안이나 분노처럼 아주 강력하게 마음을 사로잡는 감정을 바라보는 것을 배울 때에도 적용됩니다.

두 단계를 왔다 갔다 하면서 수행을 하다 보면 자연스럽게 세 번째 단계로 이동하게 됩니다. 세 번째 단계는 앞의 두 단계와 밀접하게 연관되어 있으며 나는 이를 선택하지 않고 깨어있기라고 부릅니다. 이 것은 여러 이름으로 알려져 있는데, 예를 들면 순수한 알아차림(pure awareness), 열린 알아차림(open awareness), 방법 없는 방법(the method of no method) 등입니다.

세 번째 단계에서는 어떤 것을 선호하거나 판단하는 것을 떠나서 우리가 일상에서 만나는 모든 것에 대해 주의를 집중합니다. 하나에만 주의를 집중하지 않습니다. 심지어는 호흡에도 집중하지 않습니다. 모든 것을 버립니다. 단지 그 순간 일어나는 것에만 깨어있습니다.

여기서는 상점에 가는 것처럼 일상적인 일을 비롯해서 삶이 주는 모든 문제들이 단순하고 자연스럽게 열리는 것을 봅니다. 깨어있음은 삶의 방식이 됩니다. 그렇게 되면 안팎에서 일어나는 것을 보고 듣게 되고, 관찰한 모든 것에서 배울 수 있습니다.

세 번째 단계를 명상 수행법에 포함시키는 것은 흔한 것은 아닙니다. 특히 오랫동안 호흡 수행을 해 온 수행자는 이게 무슨 말인가 하며 놀라워할 것입니다. 충분히 이해할 만합니다. '호흡 수행'에서 '호흡'을 배제하고, 알아차림 그 자체만 보라고 하고 있으니까요. 이제 40년 이상 수행하고 가르치다 보니 세 번째 단계가 핵심적인 요소라는 것을 알았습니다.

마지막 단계이기는 하지만 선택하지 않고 깨어있기는 내가 불교에 입문하기 전에, 제일 먼저 배운 수행법입니다! 40년 전으로 거슬러 올라가는 오래전 이야기입니다만, 나의 첫 명상 스승은 지두 크리슈나무르티(Jiddhu Krishnamurti)였습니다. 나는 크리슈나무르티에게 명상을 배웠지만 그는 호흡법을 가르쳐 주지 않았습니다. 그가 가르치고 수행한 것은 오직 선택하지 않고 깨어있기였습니다.

1960년대 그가 보스턴을 방문했을 때 수일간 그와 함께 지낸 적이 있었습니다. 그가 보스턴에서 일정을 마치고 유럽으로 돌아가려고 할 때, 나는 그에게 혼자서 할 수 있는 수행법을 가르쳐 달라고 했습니다.

"일단 집을 정리하세요. 그리고 당신이 실제로(actually) 어떻게 살고 있는지, 그것에 집중하세요!"

'실제로'라는 단어를 듣자마자 마치 불길이 내 몸을 관통하는 듯했습니다. 그러고서 그는 다시 반복했습니다.

"어떻게 실제로 살고 있는지."

이것은 살아 있다고 생각하는 것도 아니고, 반드시 이러저러하게 살아야만 한다는 것도 아니고, 부모가 어떻게 살아가라고 말하는 방식으로 사는 것도 아닙니다. 한순간 한순간 살아가는 바로 그것입니다. 걷는 것, 앉는 것, 먹는 것 모두 다입니다. 다른 말로 하면 집중할 만한 가치가 없는 것은 아무것도 없다는 것입니다.

1986년 크리슈나무르티가 세상을 떠나고, 나는 그의 제자인 위말라 타카(Vimala Thakar)와 함께 계속 수행을 했습니다. 위말라 타카는 깊은 이해력과 지혜를 갖춘 여성으로 내 공부 상태를 살피면서 이렇게 말하곤 했습니다.

"좋아요. 호흡을 바라보세요. 호흡을 방편으로 하다가 마음이 고요해지면 더 이상 호흡에 집중할 필요는 없어요! 단지 몸과 마음에서 무엇이 일어나는지를 지켜보세요."

크리슈나무르티와 위말라는 초지일관 깨어있음의 수행을 중시하며 삶의 모든 측면을 배우는 데 관심을 집중하라고 일깨울 뿐이었습니다. 그들은 깨어있음을 신뢰했고, 그 깨어있음에서 오는 배움에 관심을 갖는 것이 전부였습니다.

나는 판단하지 않고 바로 나 자신이 되어 관찰하는 것, 그리고 관찰한 것에서 배우는 것이 갖는 단순함과 자연스러움에 강하게 매혹되었습니다. 지금 나에게 별명을 붙인다면 최적주의자(minimalist)라고 할 것입니다. 나는 특히 인간관계에서 삶에서 가장 단순하고, 가장 직접적인 방식을 추구합니다.

이것이 내가 받은 첫 명상 지도였기 때문에 다른 명상법은 전혀 몰랐습니다! 그러나 시간이 흐르면서 순수한 깨어있음과 그것을 효과적으로 사용하는 능력 사이에 간극이 생겼습니다. 집중할 수 있는 토대가 약했기 때문입니다. 오랫동안의 학교교육, 개념적 지식에 대한 맹신, 거기에 10년간의 대학교수 생활이 더해져 단순하면서도 열린 마음챙김으로 들어가는 문을 막고 있었습니다. 이런 나를 보고 숭산 선사께서는 "자네는 생각이 너무 많아서 탈이야!"라고 말씀하시곤 했습니다.

40여 년에 걸친 나의 수행 과정은 크리슈나무르티와 그가 알려 준 선택하지 않고 깨어있기에서 출발하여 10년간의 선불교, 그리고 30년간의 위빠사나 수행과 호흡 알아차림의 길이었습니다. 역설적이게도 위빠사나 수행이 깊어질수록 나는 집중의 대상으로서의 호흡이 더 이상 필요 없게 되었습니다. 물론 내가 수년에 걸쳐 배운 공안, 만트라, 요가, 요가 호흡법(pranayama), 이름 붙여 알아차림(mental noting), 그리고 호흡 알아차림 등이 '방법 없는 방법'이라는 더 유익한 경지에 도달하는 데 큰 도움을 주었을 것입니다.

선택하지 않고 깨어있기에서 호흡 수행으로, 다시 선택하지 않고 깨어있기로 돌아오는 이 과정이 의도된 것은 아닙니다. 이상하게 들리겠지만, 그냥 일어났습니다. 말하자면 나에게 호흡은 이제 수행의 주요한 요소는 아닙니다. 아주 자연스럽게 명상을 하기 위해 앉으면, 그냥 앉아서 스스로 되도록 하는 것 외에는 아무것도 없습니다. 다른 말로 표현하면 호흡 그 자체가 나에게 이렇게 말하는 듯합니다.

"헤이, 래리! 이봐, 나는 너를 여기까지 끌고 왔어. 항상 네 옆에 있을 거야. 이제 너의 깨어있음 실력은 그렇게 나쁘지 않아. 정말로 이제는 바로 깨어있음에 들어갈 수 있잖아. 이제 너는 더 이상 호흡을 닻이나 친구로 일부러 활용하여 수행을 시작할 필요가 없어."

나는 한 바퀴 빙 돌아서 명상을 시작한 지점인 선택하지 않고 깨어있기 수행으로 다시 왔습니다. 길고 힘든 수행을 통해 깨어있음을 완전히 내 것으로 만든 것입니다.

지금도 호흡 명상을 가르치고 있지만, 나의 열정은 선택하지 않고 깨어있음에 있습니다. 그 결과 나는 이전처럼 호흡의 주도권에 강조를 두지 않습니다. 호흡을 소홀히 하는 것으로 비칠 수도 있습니다.

오랜 세월 함께한 제자들은 나의 지도 스타일에 변화를 감지하면서 "왜 호흡 알아차림에서 물러서 있는 거죠?"라는 질문으로 나를 몰아세우기도 합니다. 수행법과 관련한 질문에 답을 하면서도 내가 예전처럼 심혈을 기울이지 않는다고 지적합니다.

본질적으로 그들이 던지는 질문은 이렇습니다.

'왜 수많은 수행자들에게 유익한 그리고 검증된 수행 단계를 완전히 배제하는가?'

내가 그들과 함께 수십 년 전 호흡 명상을 완전한 수행법으로 받아들였다는 것을 상기시키는 것이죠. 이때 내 마음속에 떠오르는 것은 장대높이뛰기입니다. 처음에 장대높이뛰기 선수가 더 높은 곳에 오르기 위해서는 장대가 필요하지만, 어떤 지점에서는 장대를 버리고 점프를 해야 합니다.

붓다의 시대에서 오늘날에 이르기까지, 어떤 수행자들은 호흡 알아차림을 계속하여 행복한 마음으로 깨어있음에 머물면서, 깊은 지혜와 자비를 느낍니다. 분명히 그것은 낮은 수행법은 아닙니다. 각자의 기질, 수행 정도, 스승의 존재 유무, 그리고 수많은 요인들을 고려하여 자신에게 맞는 특별한 수행법을 결정하면 됩니다. 모든 길은 같은 목적지에 도달합니다. 즉 우리의 삶과 이 세상의 고통을 줄이는 것입니다.

· 정해진 호흡법은 없다 ·

이제 앞에서 언급한 것을 정리해 봅시다. 나는 한 단계에서 다음 단계로 나아가라고 추천하고 있지만, 사실 '이것이 최고'라든가 '이대로 따라야 한다'는 것은 아닙니다. 의도적으로 단계를 밟아나가는 사람도 있겠고 자연스럽게 단계별로 진행될 수도 있습니다. 이 책을 읽고 선택하지 않고 깨어있기에 흥미를 느껴 바로 세 번째 단계로 들어갈 수도 있습니다. 또 누군가는 호흡을 알아차림의 대상으로 삼지는 않지만, 여전히 호흡에 민감할 수 있습니다. 세 가지 단계 모두를 수월하게 왔다 갔다 하는 것을 단련할 수도 있고, 전적으로 호흡을 활용하다가 어느 순간 호흡을 배제할 수도 있습니다. 호흡을 고통 소멸의 도구로 쓰거나 자유로 가는 가장 빠른 지름길로 선택하지 않고 깨어있기를 수행할 수도 있습니다.

세 단계 사이에 견고한 벽은 없습니다. 단계 사이에 존재하는 것은 서로 통할 수 있는 막이 있을 뿐입니다. 무엇보다도 강조하고 싶은 것은 명징하게 깨어있으면서 관찰하고, 그 깨어있음이 자신을 인도하게끔 하는 것입니다. 이런 자질이야말로 자신의 상황과 경험에 맞는 수행법을 정리하는 데 도움이 됩니다. 평생 동안 말입니다.

진정으로 고통에서 벗어나고자 16단계에 몰두할 수도 있습니다. 나는 이들에게 격려의 박수를 보냅니다. 시간을 들여서 『호흡관법경』을 전부 읽고, 일어나는 반응에 충분히 집중하십시오. 계속 강조하겠지만 모든 수행자는 각자 자기에게 맞는 수행법을 선호합니다. 선택의 기준은 그것이 '나에게 유익한 방편인가' 하는 점입니다. 모든 사람에게 두루 통하는 수행법은 없습니다.

그러나 3단계 명상 수행법을 '아류 위빠사나 수행법'으로 생각하지는 말아 주십시오. 내가 제시하는 이 방법은 호흡을 알아차림으로써 붓다가 가르치신 바, 즉 무상함의 세상에서 어떻게 유익하게 살아갈 것인가를 수행을 통해 성취할 수 있게 하는 것입니다. 호흡은 살아가는 동안 늘 함께하는 동반자입니다. 3단계 명상 수행법은 자유로움을 향하여 모든 것을 내려놓는 수행법입니다.

이제 수행법을 정했다면 어디서 수행하는 게 좋을까요? 모든 곳에서 수행할 수 있습니다. 나는 처음부터 수행은 책상에서, 수행 센터에서, 또는 집에서, 장소를 가리지 않고 할 수 있다고 배웠습니다. 수행에 대한 이해는 세월이 흐르면서 깊어져 갔습니다. '집중 수행'과 흔히 우리가 말하는 '나머지 실제의 삶'은 분리될 수 없습니다.

일상생활과 인간관계에 대한 내용은 2부에서 다루고 있습니다. 특히 인간관계에 대한 깨어있음은 우리에게는 가장 긴급하고, 도전적임에도 불구하고 수행의 대상으로 삼지는 않고 있습니다. 우리의 수행이 우리 자신, 우리가 사랑하는 사람들, 그리고 우리가 사는 이 세상에 정말로 유익한지, 해가 되는지가 결정되는 지점이 바로 관계입니다.

우리는 여여한 몸과 마음의 상태를 경험하고 슬픔과 행복을 압니다. 붓다의 가르침에서 가장 혁명적인 것은 인간이 가진 공통된 특성을 바탕으로 이들 사이에서 관계 맺는 새로운 방법을 제시한다는 것입니다. 호흡 명상과 선택하지 않고 깨어있기를 수행하면서 삶이 질적으로 변화되는 것과, 행복과 고통의 열쇠는 자신이 쥐고 있다는 것을 알게 될 것입니다.

· 어떻게 사는가를 배우는 기술 ·

붓다의 가르침은 일종의 훈련이자 교육입니다. 나는 이를 '어떻게 사는가를 배우는 기술'이라고 표현합니다. 조절할 수 없는 수많은 상황들이 있지만 하루 이틀 한해 두해 수행하다 보면 도처에 있는 슬픔이 보이고 이 슬픔은 제거할 수 있다는 것을 알게 됩니다. 그것들은 모두 마음이 만들어 낸 것이기 때문입니다. 이것이야말로 명상 수행의 가장 큰 결실입니다.

자연스러운 호흡을 이용하는 위빠사나는 지혜를 닦는 명상입니다. 명상을 통해 "새는 지혜와 자비라는 양 날개로 난다."는 것을 배우게 됩니다. 이것이 호흡 명상이나 선택하지 않고 깨어있기와 같은 수행에 온 힘과 정성을 들이는 이유가 아니겠습니까? 수행을 할수록 나와 나를 둘러싼 사람들과 내가 살고 있는 이 세상에 점차로 해를 덜 끼치게 됩니다. 이것이 깨달음에 대한 나의 이해입니다.

이 책은 내가 운 좋게 많은 사람들에게 배운 것과 내가 팔십 평생 살아오며 배운 것이 반영된 책입니다. 붓다라는 이름으로 불리는 깨달은 그 누군가에게, 그리고 수천 년 동안 이 가르침이 생생하게 살아 있도록 해준 모든 사람들에게 감사합니다. 다행스럽게도 깨달은 분들에게서 붓다의 가르침을 받았고, 그리고 내가 배운 것을 여러분과 공유하는 행운을 누리게 되었습니다.

부디 이 수행법이 당신에게 도움이 되는지를 살펴보시기 바랍니다. 또한 위대한 지혜와 자비의 삶을 누리기를 바랍니다. 순간순간 수행하면서 살아가는 방법을 배우게 될 것입니다. 이 배움과 깨달음이 당신이 살아가는 동안 계속되기를 바랍니다.

모든 것을 의심하고 또 질문하라

「깔라마 경」

내가 붓다의 가르침을 받아들이게 된 것은 처음 접했던 불교 경전인『깔라마 경(*Kalama Sutta*)』이 계기가 되었습니다.『깔라마 경』은 지금껏 내가 들었거나 알았던 어떤 가르침과도 달랐습니다. 이 경전에서 붓다는 당시 깔라마 인들(기원전 5세기 인도에서 진리를 추구하던 사람들)에게 기존의 모든 가르침을 의심해 보라고 했습니다. 심지어 붓다 자신의 가르침도 예외가 아니었습니다.

수년 전 훌륭한 힌두 스승인 스와미 친마야난다(Swami Chinmaya-nanda)는 나에게 베단타를 가르치면서 이렇게 말했습니다.

"수염이 길면 길수록 더 엉터리이다."

그러나 그 자신이 수염이 바닥에 닿을 정도로 길었습니다.

붓다는 훌륭한 현자의 가르침을 잘 따르라고 말합니다. 그러기 위해서 우리는 현자들의 헤아릴 수 없는 지식과 수행법을 간과할 정도로 어리석지 않아야 합니다. 붓다는 또한 그 현자들의 가르침을 우리 자신의 삶 속에서 검증해 보라고도 말했습니다. "그것을 들어라. 헤아려 보고, 그리고 탐구하라." "왜 우리는 이렇게 힘든 고난 속에서 살아가는가?", "어떻게 해야 나를 둘러싼 세상과 관계를 잘 맺으면서 살아갈 수 있는가?" 또는 "이 세상에서 즐거움을 주는 것은 무엇인가?"라는 질문을 제대로 이해하기 위해서 반드시 필요한 덕목인 것입니다. 뼛속까지 회의론자였던 나와 같은 사람에게는 더 말할 나위가 없고요. 종교나 정치의 정통성에 대해 날선 시각을 보이는 오늘날, 이러한 자세는 특히 공감을 받을 것입니다.

『깔라마 경』이 없었더라면 나는 전작인『일상에서의 호흡명상, 숨』과 이 책에서 소개하고 있는 호흡을 통한 완전한 깨어있음에 대해 결코 새롭고 자유로운 방식으로 탐구하지 못했을 것입니다.

붓다의 가르침을 수행하는 것은 어떻게 사는가를 배우는 것이고, 또한 그것은 즐거우면서도 도전적인 일입니다. 마음의 문을 열고 자신의 관점과 견해를 새롭고 신선한 눈으로 보십시오. 믿는 것만으로는 아무것도 받아들이지 마십시오. 수행을 하면서 우리는 가장 소중하게 마음속에 품고 있는 확신들, 심지어는 가르침 자체까지도 탐색할 것입니다. 다행히도 이것은 우리 삶의 모든 측면에 자신이 스스로 발견한 것을 적용시켜 가는 멈출 수 없는 여정이 될 것입니다.

『깔라마 경』은 내가 가장 좋아하는 경 중 하나입니다. 왜냐하면 이 경전은 붓다의 가르침에 깊은 흥미를 가질 수 있도록 해 주기 때문입니다. 깔라마 인들은 붓다에게 무엇이 지혜롭고 올바른 가르침인지 물었습니다. 이 경전에서 가장 빛나는, 즉 의심하고 질문하고 검증하는 자세가 불교에 없었더라면, 아마도 나는 지금 불교 명상 수행을 하지 않고 있을 것입니다.

모든 수행은 삶이라는 실험실에서 검증되어야 합니다. 모든 것은 당신에게 달려 있습니다. "먹어야 푸딩 맛을 안다." 우리는 푸딩을 깨물어서 씹고 맛을 보아야만 합니다. 이 친숙한 교훈은 이 책에서 언급하는 수행과 밀접한 연관성을 지닙니다. 진실되고 유익한 가르침이라도 체험으로 검증하십시오. 붓다는 그냥 믿으라고 하지 않았습니다. 오히려 자신의 가르침을 검증하라고 했습니다. 그렇다면 질문을 던지십시오. 과연 이 책에서 소개하는 명상 수행법이 자유와 자비를 얻고 지혜로운 삶을 사는 데 도움을 주는가?

· 나는 뼛속까지 회의주의자 ·

나는 회의론의 전통이 강한 집안에서 성장했습니다. 아버지는 질문을 하는 것이 얼마나 중요한가를 나에게 가르쳐 준 분으로 랍비의 14대 후예입니다. 그러나 자신의 랍비 아버지, 즉 나의 할아버지가 그랬듯 유대교의 유산을 거부했습니다. 거부했다는 표현을 사용했지만 그 표현으로는 부족합니다. 그는 종종 정통 유대 신앙을 경멸했을 뿐만 아니라, 다른 모든 종교들도 경멸했습니다. 유대 학교에 들어가기 전에 아버지는 나의 팔을 끌면서 이렇게 말했습니다. "랍비에게 모세가 어떻게 바다를 갈랐는지 물어보렴." 우리가 상상하는 바와 같이 랍비는 이런 질문을 좋아할 리가 없습니다. 아버지는 아마도 아들의 바 미츠바(유대교의 성인식)에서 설교를 하지 말라고 랍비에게 돈을 준 첫 번째 사람일 것입니다. "자, 이 돈 받으시고, 부디 설교를 하지 말아 주세요." 그러나 랍비는 설교를 했고, 아버지는 엄청나게 분개했습니다.

아버지는 비판적 사고를 중시했고 그것의 필요성을 나에게 주입했습니다. 나는 대개 집에서는 착했지만, 학교와 동네에서 때로는 개구쟁이 짓을 하곤 했는데 내가 문제를 일으키면 아버지는 퇴근 후에 나를 가정 법정에 세웠습니다. 아버지는 법률가가 되고 싶었지만, 택시로 생계를 유지했습니다. 종종 나와 어머니를 위해서 법정을 열었는데 그의 법정은 섬세하고 합리적이었습니다. 아버지는 '피고인'에게 말할 권리를 주었고, 때때로 피고인의 입장을 들은 다음에 기소를 철회하기도 했습니다. 물론 어머니는 웃음을 짓곤 했습니다. 부모님은 내가 죄에서 방면되면 행복해했습니다.

아버지는 내가 저지른 행동이 어떤 결과를 가져오는지 명쾌하게 설명해 주었고, 누구나 모든 것에 질문을 할 권리가 있다는 것을 가르쳐 주셨습니다. 물론 권리와 함께 의무도 따라옵니다. 다른 사람이 한 일에 대해 질문하듯이 자신의 행동에도 기꺼이 질문을 던져야만 합니다.

아버지와 마찬가지로『깔라마 경』에 나오는 깔라마 인들은 비판적이었지만 책임감 있는 사람들이었습니다. 그들이 살던 세상은 영적인 문제에 민감했고, 넘쳐날 정도로 많은 영적 지도자들이 자신의 이론이 더 옳다고 호소하고 있었습니다. 그들이 살던 세상은 우리가 사는 세상과 크게 다르지 않았습니다.

우리는 수없이 많은 선택을 해야 하는 상황에 처해 있습니다. "종교에 관심이 있으세요? 어떤 종류의? 불교? 어떤 것에 관심이 있으신가요? 위빠사나? 아, 그것을 해 보셨군요? 너무 건조한가요? 고통과 무상함에 대해 너무 많이 말하고 있나요? 마음의 본질적 완벽함을 말하는 티베트의 족첸 수행을 배우고 싶을 수도 있습니다. 게다가 대부분의 위빠사나 스승들은 승려가 아닌 분들도 계시죠. 운동복 바지만 고집하는 분도 있어요. 최소한 강렬한 색상의 옷이라도 입고 있는 티베트의 스승들은 영적 지도자처럼 보이기도 합니다. 참선을 해 보세요. 아름답습니다! 선불교의 우화들은 즐겁게 당신을 지도해 줄 것입니다. 이 모든 것을 다 포괄하는 하나의 통합 수행법(One Dharma approach)은 어떠신지요?"

우리는 엄청나게 소용돌이치는 영적 시장에 살고 있습니다. 약속과 주장으로 넘쳐나는 곳입니다. 혼란스럽다고 해도 이상할 것이 하나도 없습니다. 2,500년 전 깔라마 사람들도 넘쳐나는 지혜와 평화의 길에 서서 우리와 마찬가지로 혼란스러워했습니다. 유랑하는 붓다가 이 지역을 지나갈 때 그들은 붓다의 설법을 듣기 위해 모였습니다.

"세존이시여, 어떤 사문, 바라문들이 께시뿟따에 옵니다. 그들은 각자 자기의 주장을 내세우고 자랑합니다. 다른 사람의 주장은 매도하고 욕하고 업신여기고 경멸합니다. 세존이시여, 다른 사문, 바라문들 또한 께시뿟따에 옵니다. 그들도 각자 자기의 주장을 내세우고 자랑합니다. 다른 사람의 주장은 매도하고 욕하고 업신여기고 경멸합니다. 세존이시여, 저희들은 이런 사문들 가운데 누가 진실을 얘기하고 누가 거짓을 말하는지 미덥지 못하고 의심스럽습니다."*

깔라마 인들은 붓다가 위대한 현자라는 명성은 익히 알고 있었지만, 붓다 역시 한 가지 견해를 가진 여러 스승 중 하나라고 생각했습니다. 나는 그들이 지닌 엄격한 회의적 태도를 존경합니다. 역사를 보면 우리 모두는 강력하고 단호한 가르침을 펴거나, "이것이 맞아. 다른 것은 다 틀렸어."라고 말하는 사람에게 휩쓸린다는 것을 알 수 있습니다.

확실히 지금의 정치에서도 이런 위험한 양상을 봅니다. 정치뿐일까요? 종교 영역에서도 빈번하게 일어납니다. 그래서 우리는 동일한 질문을 제기합니다. 진정으로 자유롭고 싶습니까? 맡은 임무를 잘 수행할 수 있습니까? 또는 답을 척척 주면서 당신을 위해 힘든 일을 대신 해 주는 매력적인 스승을 더 선호하지 않습니까?

---

* 『앙굿따라 니까야 3.65』의 『깔라마 경』에서 인용. 타니싸로 스님이 빨리 경에서 번역함. 역주: 『가려뽑은 앙굿따라 니까야』, 대림 스님 옮김 (초기불전연구원, 2008) 51~63쪽에서 인용.

지금도 여전히 몇몇 수행자들은 수행 센터로 발을 들이기도 전에 자신의 지성을 포기하고 스승의 발아래 머리를 조아리면서, "어떻게 살아야 하는지 말해 주십시오."라고 말합니다. 모든 것을 회의하고 의심하는 것에 강한 신념을 갖고 있는 나도 몇 차례 실수를 한 적이 있습니다. 나 또한 진리에 접근하는 독특한 방법을 아는 특별난 스승을 기대하곤 했습니다. 그런 스승의 제자가 된다는 것은 환상적입니다. 나의 영적 삶은 보살핌을 받게 됩니다. 나는 질문을 던질 권리와 함께 오는 근심과 의무에서 면제됩니다. 그러나 물론 나는 자유롭지 못합니다. 당신은 어떻습니까?

깔라마 인들의 근심과 혼란을 향한 붓다의 설법은 해로운 선택을 막는 지침입니다. 붓다는 깔라마 인들에게 그리고 우리에게 스승을 선택하는 것을 비롯해서 삶의 전 영역을 탐색할 수 있는 좋은 가르침을 줍니다.

"깔라마 인들이여, 소문으로 들었다고 해서, 대대로 전승되어 온다고 해서, '그렇다 하더라.'고 해서, 우리의 성전에 써 있다고 해서, 논리적이라고 해서, 추론에 의한 것이라고 해서, 이유가 적절하다고 해서, 우리가 사색해 얻은 견해와 일치한다고 해서, 유력한 사람이 한 말이라고 해서, 혹은 '이 사문은 우리의 스승이시다.'라는 생각 때문에 진실이라고 받아들이지 말라. 깔라마 인들이여, 그대들은 참으로 스스로가 '이러한 법들은 지자들의 비난을 받을 것이고, 이러한 법들을 전적으로 받들어 행하면 손해와 괴로움이 있게 된다.'라고 알게 되면 그때 그것들을 버리도록 하라."

"깔라마 인들이여, 소문으로 들었다고 해서, 대대로 전승되어 온다고 해서, '그렇다 하더라.'고 해서, 우리의 성전에 써 있다고 해서, 논리적이라고 해서, 추론에 의한 것이라고 해서, 이유가 적절하다고 해서, 우리가 사색해 얻은 견해와 일치한다고 해서, 유력한 사람이 한 말이라고 해서, 혹은 '이 사문은 우리의 스승이시다.' 라는 생각 때문에 진실이라고 받아들이지 말라. 깔라마 인들이여, 그대들은 참으로 스스로가 '이러한 법들은 유익한 것이고, 이러한 법들은 비난받지 않을 것이며, 이런 법들은 지자들의 비난을 받지 않을 것이고, 이러한 법들을 전적으로 받들어 행하면 이익과 행복이 있게 된다.'라고 알게 되면, 그것들을 구족하여 머물러라."*

· '아야' 가르침 ·

깔라마 경전의 가르침을 더 자세히 살펴보기 전에 또 다른 이야기를 들려 드리겠습니다. 중국의 한 마을에서 일어난 일입니다. 어느 마을에 아

---

* 같은 책에서.

주 존경받는 젊은 스님의 법문을 듣기 위해 멀리서 많은 사람들이 모였습니다. 그 가운데 훌륭한 노선사도 있었습니다. 젊은 스님은 노선사를 알아보고는 "부디 이쪽으로 오십시오. 제가 법문을 하는 동안 제 옆에 앉아 계십시오."라고 말했습니다. 그래서 노선사는 법상에 올라가서 그 젊은 스님 옆에 앉았습니다.

젊은 스님은 법문을 다시 시작했고, 그의 입에서 나오는 모든 단어들은 경전이나 고승들에게서 나온 것이었습니다. 노선사는 모든 사람들 앞에서 졸기 시작했습니다. 스님은 곁눈질로 그가 조는 것을 알았지만 계속해서 법문을 이어갔습니다. 젊은 스님이 권위에 가득 찬 것을 인용하면 할수록 노선사는 점점 더 잠에 빠져들었습니다. 결국 젊은 스님은 법문을 중지하고 물었습니다. "무엇이 잘못되었나요? 내 법문이 그렇게 지루하고 싫고 터무니없나요?" 그때 노선사는 몸을 슬쩍 구부려 젊은 스님을 꼬집었습니다. 스님은 "아야!" 하고 고함을 질렀습니다. 노선사는 "아! 이게 내가 먼 거리를 와서 듣고 싶었던 것이야. 이것이 순수한 가르침이야. '아야' 가르침."

깔라마 인들의 질문에 대해 붓다는 이 이야기에 나오는 노선사처럼 직접적인 경험이 중요하다고 얘기합니다. 붓다는 사람들이 여러 종류의 권위에 의존한다는 것을 인정했습니다. 어떤 것은 전승된 내적 경험에 의한 것이고, 어떤 것은 외적인 꾸밈과 명성에 의한 것이며, 어떤 것은 믿을 만하고, 어떤 것은 말도 안 되는 것입니다. 붓다는 사람들에게 단지 그 가르침이 오래되었다고 해서, 성전에 씌어 있다고 해서 올바른 것이 아니라고 충고합니다. 단지 합리적이라는 이유로, 또는 가르치는 사람에 매료되었다고 해서 그들이 말하는 것이 진리라고 생각해서는 안 된다고 가르칩니다.

그렇다면 이제 질문은 이렇게 됩니다. 즉 정당하고 올바른 것과 잘못되고 올바르지 않은 것은 어떻게 구별할 수 있나? 어떻게 사는가를 배울 수 있는 지침은 어디에 있는가?

『깔라마 경』에서 붓다는 이성과 논리를 부정하지 않습니다. 그는 오래된 가르침이 터무니없다고, 또는 어떤 선택을 할 때마다 새로운 법을 만들어야 한다고 말하지 않습니다. 결국 내가 책을 쓰고 있는 바로 이 순간에도 나는 수많은 세대에 걸친 법의 선각자들에게서 이어져 내려온 법에 기반을 두고 그 가르침을 실천에 옮기고 있는 것입니다. 우리가 경전을 공부하지 않고 가르침에 귀를 기울이지 않는다면, 현자들이 비판하거나 존중하는 것을 어떻게 알 수 있겠습니까?

붓다가 깔라마 인들에게 그리고 우리에게 준 지침은 '주의하라'는 것이지 '금지하라'는 것이 아닙니다. 붓다는 우리가 맹목적으로 전통과 스승의 권위에, 또는 우리 자신의 사고가 갖는 권위에 복종하지 않게 주의를 주고 있습니다. 붓다 또한 이성과 논리에 맹목적으로 복종하지 않도록 주의했습니다.

명상을 시작하는 사람은 특히나 새겨들어야 합니다. 처음 수행의 문에 들어섰을 때 스승의 존재, 그의 이론, 그리고 함께 수행하는 이들이 지지하는 모습은 수행 의욕을 북돋워 주고 활기차게 해 주지만 이런 신뢰는 제한적입니다. 붓다가 말한 바와 같이 자신의 체험이라는 실험실에서 '작업가설'로서 가르침과 이론들을 검증해야 합니다. 외부적인 지지에 기반을 둔 확신은 개인적 체험에 바탕을 둔 확신으로 전환될 때 그 유효기간은 만료됩니다. 이제 더 이상 남에게 빌려온 것이 아니라 완전한 내 것이 됩니다. 이렇게 되기 위해서 마음챙김의 능력을 일깨우고 안정화시켜야만 합니다.

초심자이든 경험자이든 스스로의 믿음과 확신을 진정으로 깊이 살펴보게 되면 그것이 당신에게 도전적이거나 당신을 긴장시키지 않던가요? 이것은 확실히 나의 경험이었습니다. 가르침은 영감을 주고, 듣는 것만으로도 지성을 만족시키고 감정을 풍성하게 합니다. 이 책의 세 단계를 읽고 수행한다고 해도 항상 질문해야 합니다. 즉 이것이 나를 어디로 데려다줄까? 호흡 알아차림이나 선택하지 않고 깨어있기 수행이 나를 보다 더 자비롭고 지혜롭게 하는가? 탐색하고 또 탐색해야 합니다.

그러나 거기에서 멈추면 안 됩니다. 젊은 스님이 '아야'를 느끼듯 법을 체화하기 위해서는 법과 친밀해지고, 자세히 살펴보고, 늘 깨어서 살피는 것이 삶이 되도록 해야 합니다. "자등명(自燈明)"이라고 붓다는 말했습니다. 질문이 당신이 가는 길을 선명하게 해 줄 것입니다. 이것이『깔라마 경』의 핵심입니다.

진리는 살아 있는 체험이라는 검증을 거쳐야만 합니다. 붓다는 자신의 가르침을 통해서 우리를 인도하는 간명한 공식을 제시했습니다. 모든 것을 연기의 관점에서 살피라고 말입니다. 당신과 다른 사람들에게

피해나 고통을 주는 해로운 것이 있으면 먼저 잘 살펴보아 그 고통의 원인을 보고 나서 버려야 합니다. 반면, 행복과 평화를 주는 유익한 것은 반드시 따라야 합니다.

붓다가 스승으로서의 역할을 처음 시작했을 때, "나는 단 하나만을 가르친다. 괴로움과 그 괴로움의 소멸이다."라고 말한 것을 기억하십시오. 그리고 어떻게 살아가야 하는지와 사성제(四聖諦)를 통해서 괴로움을 소멸시키는 방법을 강조하신 수행법을 가르쳤습니다. 다시 말하면 "괴로움이 있다. 집착과 갈망의 원인인 괴로움의 쌓음이 있다. 괴로움의 소멸이 있다. 그 소멸로 인도하는 수행의 방법이 있다."는 것입니다.

수행 센터에서 가르치든 길거리에서 낯선 사람을 만나든 간에 사성제는 나의 모든 형태의 삶에 변함없는 지침입니다. 수천 년 동안 불교의 모든 종파에서 사성제를 공유했고 수많은 수행자들을 안내하고 있습니다. 3단계 명상 수행법을 하게 되면, 사성제를 통해 세상에서 고통을 소멸시키고, 심지어 그 고통에서 자유를 획득하는 방법을 배우게 될 것입니다.

첫 번째는 고성제입니다. 조화롭지 못한 갈등의 상태를 묘사하는 것입니다. 괴로움의 발생과 경험입니다. 둘째는 괴로움의 원인인 갈망과 집착입니다. 해로운 결과를 낳는 해로운 원인입니다. 셋째는 고통의 완전한 소멸입니다. 팔정도의 실천을 통해서 성취된 유익한 결과입니다. 네 번째는 윤리, 안정감, 그리고 지혜를 특징으로 하는 팔정도의 길입니다.

사성제와 같은 붓다의 근본적인 가르침조차도 『깔라마 경』의 의문 정신에 비추어서 살펴보아야 합니다. 내가 처음 위빠사나에 입문할 무렵에, 태국의 존경스런 아잔 차(Ajahn Chah) 스님이 매사추세츠 배리에 있는 통찰명상협회를 방문하면서 그에게 가르침을 받았습니다. 그때 우리는 '내려놓기(放下着, letting go)'가 갖는 해방의 힘에 매료되어 있었습니다. 이것저것 다 내려놓기 수행만 했습니다. '그저 모든 것'을 내려놓았습니다. 이런 우리를 보며 아잔 차 스님은 뭔가 의심스러운 표정을 지었습니다. 스님은 우리에게 천천히 물러서서 실제로 우리가 고통스러워하는 순간을 잘 살펴보도록 격려했습니다. 무조건 내려놓기보다는 고통과 직접 대면하고, 그 고통이 갈망과 집착 그대로의 모습이 아니라 우리가 원하는 모습으로 있기를 바라는 것에서 생기는 것은 아닌지 살펴보도록 했습니다. 진정한 내려놓음은 우리가 집착하고 저항하면서 지불하는 대가를 관찰하는 것에서 배운다는 것을 가르쳐 준 것입니다. 실제로 우리는 집착의 부담에서 자유로워졌을 때 진심으로 기뻤습니다.

내려놓기라는 개념적 사고에서 벗어나 고통의 경험에 바로 주의를 기울임으로써 우리는 삶의 도가니에서 사성제의 유익함을 볼 수 있었습니다. 『깔라마 경』에 잘 표현되어 있듯이 관찰하고 배우는 것이야말로 이 책에서 얘기하는 핵심입니다. 깨어있음에서 비롯되는 괴로움에 대한 관점의 전환은 자신의 삶의 경험이 더해질 때 더욱 강력해집니다. 자신이 이해한 가르침에 대해 의문을 제기하고 질문하고 검증하십시오. 그리하여 그것이 뼛속 깊이 박히게 하십시오.

고전적 16단계 호흡관법과 축약된 3단계 명상 수행법의 관계

		16단계 호흡관법	3단계 명상 수행법
4념처	신념처	1. 긴 호흡 2. 짧은 호흡 3. 온몸의 호흡 4. 온몸의 작용(身行)	온몸 호흡 알아차려 집중하기
	수념처	5. 희열을 느끼며 호흡 6. 행복을 느끼며 호흡 7. 마음의 작용(心行)을 느끼며 호흡 8. 마음의 작용을 고요히 하며 호흡	호흡에 닻을 내리고 모든 심리 현상 관찰하기
	심념처	9. 마음을 느껴 알아차리며 호흡 10. 마음의 기쁨을 알아차리며 호흡 11. 마음이 집중되어 있음을 알아차리며 호흡 12. 마음이 자유로워짐을 알아차리며 호흡	
	법념처	13. 무상함을 알아차리며 호흡 14. 욕심을 떠나게 됨을 알아차리며 호흡 15. 번뇌가 소멸됨을 알아차리며 호흡 16. 놓아 버림을 알아차리며 호흡	
선불교		명징하게 바라봄	선택하지 않고 깨어있기

3단계 명상 수행법

●

지금 어디에서 호흡을 느끼나요?

| 1단계: 온몸 호흡 알아차림 |

온몸을 느껴 들숨을 알아차리면서 수련하며,
온몸을 느껴 날숨을 알아차리면서 수련한다.

『호흡관법경』

호흡은 삶이 가르쳐 주는 교훈을 배우는 데 도움이 되는 훌륭한 도구이
자 깨어있음을 가장 효과적으로 유지시켜 주는 도구입니다. 때로는 친
구처럼 때로는 동료처럼 도와주고 지지해 주며 늘 함께하면서 마음이
편안히 이완되고 맑고 밝게 깨어있도록 합니다. 『호흡관법경』에서는 마
음을 일깨우기 위해서 호흡을 의식적으로 알아차리라고 말합니다. 이때
호흡은 마음을 깊이 들여다보는 데 적절한 도구로 좌선을 하든 하지 않

든 몸과 마음의 변화 과정에 늘 집중해 온전히 깨어있음을 유지하도록 합니다. 이렇게 호흡을 통해서 계발된 마음은 사물을 더 깊이 살펴볼 수 있습니다. 익숙해져서 알아차리지 못하고 인식하기 어려운 것들을 보게 하고 공포나 외로움, 분노까지도 들여다볼 수 있게 합니다. 또한 우리가 자신을 알고, 생생하게 살아가고 있다는 것을 이해하도록 합니다. 궁극적으로는 자유를 얻습니다.

우리가 활용하게 될 『호흡관법경』에 접근하는 방식은 단순합니다. 나는 이것을 간명한 수행법이라고 부릅니다. 여기에는 기본적으로 두 단계가 있습니다. 첫 번째 단계는 사마타(samatha, 止)입니다. 먼저 의식을 호흡에 집중해서 마음을 잔잔하고 편안하게 합니다. 두 번째는 편안히 이완되고 맑고 밝게 활성화되어 호흡의 지지를 받게 된 마음이 모든 것이 일어나고 사라지는 것을 관찰합니다. 이것을 위빠사나 또는 통찰 명상이라고 합니다. 마음에서 일어나는 모든 것, 즉 감정, 사고, 계획, 격정, 몸의 상태, 소리, 냄새 등 우리가 경험이라고 여기는 모든 것을 지켜봅니다. 호흡을 알아차리는 것은 단순히 마음을 편안하게 하는 것만은 아닙니다. 위빠사나 수행법에 익숙지 않으면 이렇게 생각하기 쉬운데 호흡은 오히려 완전한 주의 집중을 할 수 있게 도와서, 모든 형태의 사물이 갖는 진정한 본성을 아주 명료하고 정확하게 보게 합니다. 바로, 일어난 모든 것은 사라진다는 것입니다.

호흡관법명상 전 단계를 제대로 수행할 때 보통 호흡 알아차림에서부터 시작합니다. 자, 이제 『호흡관법경』의 16단계 중 세 번째 단계에서 출발해 봅시다. "온몸을 느껴 들숨을 알아차리면서 수련하며, 온몸을 느껴 날숨을 알아차리면서 수련한다." 주목해야 할 점은 앉아 있는 온몸입니다. 여기서 잘 살펴보아야 할 점은 의식적으로 호흡하는 것이 아니라 그대로 경험한다는 것입니다. 의도적으로 호흡을 찾거나 온몸을 살피려고 노력하는 것이 아닙니다. 그저 내가 느끼고 있는 모든 것을 단지 지금 있는 그대로 느끼는 것입니다. 이대로 충분하고, 잘하고 있습니다.

핵심은 얼마나 깨어있는가입니다. 숨 쉴 때마다 몸의 각 부위에서 다른 자극이 느껴집니다. 그 자극들은 우리를 힘들게 하기 때문에, 마음을 훈련시키는 데 도움이 됩니다. 마음에 집중하는 법과 함께 느긋하고 유연해지는 법도 익혀야 합니다. 숨이 선명하든 선명하지 않든 다만 숨 자체에 깨어있는 법을 배웁니다.

· 제대로 앉는 법부터 ·

어떻게 살 것인가를 배우려면 지혜가 있어야 합니다. 지혜를 얻기 위해서는 배우려는 마음과 몸의 도움이 필요합니다. 몸과 마음은 친한 동료입니다. 좌선 수행과 그 외의 모든 수행에서 당신은 몸을 충분히 이완시키면서도 올바른 자세를 유지할 수 있습니까?

몸을 이완시키는 것도 필요하고 자세를 올바르게 유지하는 것도 필요합니다. 이완만 있으면 깨어있기가 어려운 일반적인 자세가 되고 올바른 자세만을 강조하면 몸이 너무 경직되어서 이완될 수 없습니다. 마치 라디오 소리 크기를 미세하게 조정하듯이 당신의 주의 집중을 미세하게 조정하는 법을 배워야 합니다. 한쪽은 너무 크고 다른 쪽은 너무 작습니다. 좋아하고 듣고 싶은 음악이 나오면 라디오 볼륨을 맞춰서 최적의 소리로 음악을 들을 것입니다. 이런 과정이야말로 좌선 수행에서 몸이 제대로 앉는 법을 배우는 방식입니다. 이것을 자리를 제대로 잡았다라고 말합니다. 그냥 자리에 털썩 주저앉는 것만으로는 충분하지 않습니다.

표준 자세는 아사나(āsana)라 불리는 요가 자세와 동일합니다. 아사나의 요가 자세는 처음부터 오늘날까지 수행 자세로 활용되고 있습니다. 바르게 자세를 잡으면 몸은 안정되면서도 편안해집니다. 주의 집중을 위한 최상의 상태가 된 것입니다.

물론 이것은 이상적인 상태입니다. 대개 수행 초기에는 이렇게 되지 못합니다! 그렇다면 어떻게 해야 할까요? 처음에는 할 수 있는 만큼 바르고 편안한 자세를 취하면서 점차로 올바른 좌선 자세를 배워 나갑니다. 처음 앉았을 때 약간의 시간을 들여서 몸 전체를 쭉 훑어봅니다. 긴장된 곳이 있는지 살피는 것도 훌륭한 방법입니다. 머리에서 시작해서 몸 아래쪽으로 천천히 내려옵니다. 그러면서 주의 집중이 필요한 곳에서 잠시 쉽니다. 아마도 굳은 결의로 턱을 꽉 잡아당기고 있을 것입니다. 일부러 턱에 힘을 빼려고 하지 마십시오. 그저 그 상태로 '긴장'이라고 이름 붙이고 그냥 단순히 섬세한 감각으로 불편한 곳을 들여다봅니다. 무슨 일이 일어났는지를 보고 계속해 갑니다. 너무 몰두한 나머지

어깨가 굽어 있다면 잠시 의식을 굽은 어깨에 머물고 나서 몸 전체를 쭉 관찰할 때까지 계속 이동하십시오.

완벽할 정도로 올바르고 이완된 자세를 만들겠다고 기를 쓰고 덤벼들지 마십시오. 마음을 안정시키는 데 도움이 되는 정도로만 살펴보고 온몸 호흡 알아차림으로 들어갑니다.

계속 좌선을 하고 있으면 졸리거나 신체의 어느 부위가 불편하거나 아파서 자세를 바꾸고 싶은 때가 있습니다. 그럼 그렇게 하십시오. 그러나 최소한으로만 움직입니다. 그 상태로 잠깐 쉬고 다시 마음을 들여다봅니다. 자세를 바꾸더라도 깨어있음 없이 움직이지는 마십시오. 어떤 이유에서든지 움직여야겠다고 마음먹었으면 마음을 챙기면서 천천히 하시기 바랍니다. 숨을 들이쉬고 내쉬고, 그렇게 하면 몸의 움직임과 호흡 알아차림이 같이 가게 됩니다.

가려워서, 심하게 불편해서 자세를 즉시 바꾸고 싶다면, 그것 때문에 얼마나 짜증이 나는지, 얼마나 마음이 절박한지를 관찰합니다. "아, 긁을 수 있다면 진짜 행복할 텐데." 긁기만 해도 가장 행복할 수 있다면 인생에서 일어나는 다른 모든 일에 대해서도 마찬가지일 수 있다는 것을 생각하십시오. 마음이 어떻게 작용하는지를 알아차리세요. 극도로 몸이 불편한데도 불구하고 조금도 움직이지 않고 몸에 끼치는 해로움을 바라볼 수도 있습니다. 꼭 맞는 답은 없습니다. 움직이는 것이 현명한지 움직이지 않는 것이 현명한지를 아는 것은 지혜의 영역입니다.

· 호흡은 허용과 수용의 기술 ·

이제 온몸의 호흡을 알아차리는 수행을 시작해 봅시다. 바닥에 앉든 의자에 앉든 앉아 있다는 사실에 주의를 기울이십시오. 앉아 있는 것이 바로 지금 일어난 일입니다. 앉아 있는 내 몸에 모든 주의를 기울이십시오. 어떤 긴장도 필요 없습니다. 몸에서 일어나는 조그마한 것까지 속속들이 알려고 하지 마십시오. 단지 온몸을 편안하게 그대로 두고 호흡이 느껴지는 몸의 부위를 느끼십시오. 들이쉬는 숨을 쉴 때 어디에서 들숨을 느끼는가? 폐를 비우면서 숨을 내쉴 때, 어디에서 날숨을 느끼는가? 어디에서 느끼든 상관없습니다. 이 수행은 온몸 호흡 알아차림을 계발하는 것입니다.

호흡 알아차림을 지속적으로 하면 허용의 기술을 계발할 수 있습니다. 그리고 수용 능력도 기를 수 있습니다. 몸의 어느 부분에 숨이 느껴지면 그대로 느끼세요. 모색하거나 탐색하지 말고 알아차림의 영역 안으로 들어오는 것을 단지 세심하게 감지하면 됩니다. 온몸으로 호흡을 허용하고 동시에 수용하는 두 가지를 경험하게 됩니다.

호흡이 즐겁거나, 생생하거나 또는 명확한 것에 상관없이, 평온하게 알아차릴 수 있는 능력을 배울 수 있겠습니까? 수행이 진전되어 가면서 정신적으로 정서적으로 신체적으로 힘든 사건들에 직면해서도 이런 자세를 유지할 수 있겠습니까?

열린 마음으로 온몸의 호흡을 바로 보게 되면 신체 일부인 턱이 아주 긴장하고 있는 것을 느낍니다. 일부러 턱에 에너지를 모은 게 아닌데도 말입니다. 호흡을 느끼면서 동시에 턱이 긴장하고 있음을 느끼는 것은 알아차림의 의식 영역으로 들어온 것입니다. 다시 온몸의 호흡을 느끼십시오. 주의 집중이 턱으로 쏠리면서 동시에 앉아 있는 몸의 에너지 장 속에서 숨 쉬고 있다는 것을 느낄 것입니다. 호흡, 알아차림, 그리고 몸은 하나의 통합된 경험 속에서 일체화됩니다. 이것이 실제로 일어나는 감각입니다. 들숨과 날숨을 통해서 느낄 수 있습니다. 온몸 호흡 수행을 처음 하는 사람이 꼭 알아야 할 것은 이런 현상이 이미지나 영상 또는 말로만 그치지 않는다는 점입니다. 이미지와 사고는 우리 마음이 만들어 낸 것입니다. 이제 당신은 있는 그대로 자연스레 흐르는 몸의 에너지 장에 주의를 집중하는 것에 푹 빠져 있게 됩니다. 완전히 주의 집중한 상태에서 어떤 일이 일어나는지를 그냥 바라보기만 하십시오.

호흡에 대한 태도는 어떻습니까? 호흡을 조절하려는 강한 욕심이 생기나요? 호흡을 통제하고, 억제하고, 길게 늘이고자 하는 욕구 말입니다. 이런 호흡 조절 욕구와 마찬가지로 우리들 대부분은 인생의 모든 면을 조절하거나 통제하려고 합니다. A를 발판으로 B를 획득하거나 아예 바로 Z로 가려고 합니다. 혹시 호흡을 하면서도 이런 구태의연한 습관 에너지가 불쑥 올라오지는 않습니까? 더 빨리 '평온함'에 도달하기 위해 호흡을 통제하고 있지 않나요?

그저 깨어있는 마음으로 앉아서 바라보세요. 그 어떤 것에도 관여하지 않고 일단 흘려보냅니다. 수동적이고, 운명론자같이 보입니까? 이런 식으로 해서는 제대로 된 걸 얻을 수 없다는 느낌이 드나요? 지금 이 순간에도 호흡을 조절하고 있지 않나요? 아무리 호흡을 조절하지 않으려고 해도 조절하는 것을 조절하려고 하는 더 미묘한 덫에 걸려 있게 됩니다. 덫에 걸리지 않으려 해도 소용없습니다. 그냥 조절하려는 마음 자체를 바라보세요. '조절하고 있음'을 알아차리세요. 당신은 지금 허용의 기술을 배우고 있습니다. 호흡이 일어나는 그대로 두십시오. 무엇이 일어나게 하지 마십시오. 호흡이 길든 짧든 불안정하든 그대로 좋습니다.

최근에 손녀딸이 걸음마를 배우는 과정을 보았습니다. 넘어지고 일어나고 넘어지고 일어나고를 수없이 반복하는데 꽤 오랫동안 그러더군요. 내가 놀란 것은 손녀는 다른 친구들과 자신의 행동을 비교하지 않는다는 것이었습니다. "이것 봐, 옆집 애는 그렇게 자주 넘어지지 않아." 또는 "의사 말로는 이 나이에는 네 걸음을 디딘 후에 넘어져야 한다는데, 나는 세 걸음 반 만에 넘어졌어."라고 생각하지 않는 것이 분명해 보였습니다. 아니 손녀는 걸음마를 즐겁게 연습하고 있었습니다. 거기에는 아무런 고통도 없습니다. 그런데 부모와 조부모는 다른 모습을 보여 줍니다. 걸음걸이의 '올바른' 발달 과정을 표준화하고 지시하는 최근의 의학 기준에 아이를 맞춰야 하는 부담감을 가집니다. 고통의 길로 들어서는 것입니다. 우리 모두 어린아이처럼 허용의 기술을 더 계발한다면 받는 고통도 덜할 것입니다.

이상적인 호흡은 없습니다. 자연스럽게 숨 쉬세요. 호흡 수행을 한 분들 중에는 숨 쉬는 것만으로 유익한 효과를 본 분들도 있지만 이 수행은 호흡 치료가 아닙니다. 호흡을 조작하는 것이 아니라 있는 그대로 두는 허용과 수용의 기술을 다시 떠올리시기 바랍니다. 우리는 단지 이완하여 자연스런 에너지 장에 깨어있으면, 알아차림, 호흡, 몸은 함께 작용합니다. 이들이 조금씩 하나로 통합되어 감을 경험합니다. 몸과 마음 그리고 호흡이 분리된 것처럼 느껴지지만 바탕에서는 하나로 작용합니다.

요가를 해 본 분은 프라나야마(요가 호흡법) 수행에서 호흡을 조절하고 통제했던 습관이 있을 것입니다. 좋은 수행법이지만, 지금은 아무것도 조절을 해서는 안 됩니다. 당신이 숙련된 수행자이면서 이전에 다른 종류의 호흡 수행을 했다면, 또 다른 어려움에 맞닥뜨리게 될 것입니다.

대부분의 호흡 수행은 한 장소, 예를 들면 콧구멍, 가슴 또는 아랫배 등에 초점을 맞추게 합니다. 온몸의 호흡을 알아차리는 수행에서는 그렇게 좁게 한정하는 대신에 온몸으로 범위를 확장합니다. 호흡 에너지가 몸의 여러 장소에 작동하면서 한 들숨 날숨에서 다른 들숨 날숨으로 이동하게 합니다. 처음에는 어색할 수 있습니다. 완전 초보처럼 무능력하게 느껴질 수도 있습니다. 그 와중에 당신의 습관 에너지는 이전에 편안하고 효과적이었던 장소에 초점을 맞추려고 할 것입니다. 투쟁은 계속됩니다. 자신이 온몸 호흡 알아차림을 배우고 싶어 하는지조차 확신이 들지 않을 것입니다.

물론 과거에 도움이 되었던 수행법을 계속할 자유가 있습니다. 그러나 이 새로운 수행법을 시도해 보기로 했다면, 이런 어색함을 극복해야 합니다. 마음이 갈등하는 것을 관찰하십시오. 저항이 있는 곳에 지혜를 얻을 아름다운 기회가 있습니다. 지금 일어나는 것을 그냥 보십시오. "나는 이것을 싫어해." "이것은 나에게 생소해. 별로 좋게 보이지 않는 군." "실패하면 어떡하지?" 마음이 싸우고 있는 것을 그냥 보십시오.

인내심을 가지고 스스로 비난하거나 좌절하지 않고 꾸준히 지속적으로 알아차리는 것, 그리고 어느 정도의 진지한 관심이 새로운 기술을 배우는 데 필요한 법입니다. 졸리면 비난하지 말고 깨어나십시오. 마치 내 손녀가 걸음마를 배울 때 넘어지면 유쾌하게 다시 일어나는 것처럼 말입니다. 대단하지 않습니까? 그냥 단순해질 수 있다는 것이 말입니다. 점수를 매기지 마십시오. 비교하지도 마십시오. 점수를 매기고 비교하는 일은 이전에도 했을 테고 앞으로도 할 테지만, 졸리면 깨어나고 다시 졸리면 다시 깨어나는 것이 우리가 해야 하는 일의 전부입니다. 수행에서 유익함을 얻은 사람은 결코 실망하지 않습니다. 만약 실망해서 넘어지면 다시 일어나서 시작하면 됩니다.

· 호흡 알아차림을 방해하는 것들 ·

우리가 흔히 경험하듯이 훈련되지 않은 마음은 거칩니다. 처음에는 마음이 오래 익혀 온 습관 에너지가 주도하게 되어 새로운 가르침에는 신경도 안 씁니다. 마음은 호흡보다 더 재미있는 것에 정신이 팔려 있습니다. 예를 들면 지금부터 20년 후에는 무슨 일이 일어날까, 사회보장제도

혜택이 끝나면 어떡하지 등 다가올 미래를 걱정하거나, 20년 전에 뛰었던 마라톤처럼 과거의 사건들을 떠올리기도 합니다. 지금 당신은 '명시적으로' 집중과 평온함을 계발하는 수행을 하고 있지만, 당신이 보고 있는 것 중 하나는 마음이라는 것이 종종 멋지거나 무서운 미래 또는 결코 다시 올 수 없는 과거의 멋지거나 무서운 일을 생각하는 것을 더 좋아한다는 사실입니다. 단지 들숨과 날숨이라는 단순한 사실 이외에는 아무것도 없는데도 불구하고, 당신은 이제 강박적인 마음이 '지금, 여기'라는 진실보다 개념화된 현실을 더 좋아한다는 것을 알기 시작했습니다.

바로 그 순간 수행은 아주 극도로 단순합니다. 매 순간 호흡이 일어나는 그대로 온몸을 통해서 경험할 뿐입니다. 필요하면 몇 번이고 그냥 호흡으로 돌아오면 됩니다. 부드럽고 우아하게 편안한 마음으로 호흡으로 돌아오면 됩니다. 그것을 문제 삼을 필요도 없습니다. 만약 마음이 점수를 매기기 시작하면, 예를 들어 다른 사람은 어떻게 하고 있을까 또는 어제는 어땠지 등을 생각하면서 평가하고 비교하기 시작하면 다시 호흡을 보면 됩니다. 그런 것들은 단순히 생각입니다. 생각을 따라가기 시작하면 문제가 됩니다. 단지 그 생각이 왔다 가는 것을 그대로 두는 법을 배우세요. 그리고 다시 한 번 온몸의 호흡을 알아차립니다.

호흡이 부드러워지고 아주 미묘해지고 세밀해지면 호흡과 호흡 사이에 긴 침묵의 틈이 생깁니다. 사람들은 자주 거기서 길을 잃고 그 침묵의 틈을 이런저런 생각, 상상, 계획, 미래 고민, 또는 과거 떠올리기로 메우곤 합니다. 거기에서 길을 잃었다는 것을 깨닫는 데 수 분이 걸리기도 합니다. 하지만 호흡 사이에 틈이 있다 하더라도 몸은 여전히 거기에 앉아 있다는 사실 자체는 바뀌지 않습니다. 다음 호흡 때까지 '앉아 있음'에 깨어있습니다. 지금 이 순간에 여전히 깨어있을 수 있는, 현실에 존재하고 있는 느낌을 경험할 수 있습니다.

온몸의 호흡을 알아차리면 있는 그대로의 몸과 마음의 상태를 친숙하게 느끼는 것을 배우게 됩니다. 이렇게 되면 호흡관법의 첫 기반인 신념처(身念處)를 수행하는 것입니다. 쉽게 되지는 않습니다. 왜냐하면 항상 마음과 섞여 버리기 때문입니다. 앉아서 호흡을 하면서 그냥 온몸에만 주의 집중을 하십시오. 어떤 것에 고정하거나, 관여하거나, 어디엔가 도달하려고 하지 마십시오. 단지 호흡 에너지가 나타나서, 머물고, 사라지는 것을 허용하기만 하면 됩니다.

들숨일 때 어디에서 호흡을 느낍니까? 날숨일 때 어디에서 호흡을 느낍니까? 오고가는 이런 신체감각을 유지하면 됩니다. 상상이 아닙니다. 이미지도 아닙니다. 우리는 지금 허용의 기술을 배우고 있는 중이며, 종교적인 용어로 말하면 순종하고 있는 것입니다. 무엇에 대한 순종이냐고요? 바로 '있는 그대로'에 대한 순종이고, 폐가 가득 차고 비워지면서 호흡이라는 것이 일어나는 바로 그 자연스러운 법칙에 대한 순종입니다.

이런 수행을 하다 보면 앉은 자리는 안정되고, 올바르면서도 이완된 자세를 취할 수 있습니다. 지금 우리는 앉아서 숨 쉬면서 한 가지 주제에 머무르는 것을 배우고 있습니다. 그 한 가지 주제는 몸의 에너지 장

속에서 호흡하는 것입니다. 수행을 한다고 해서 세상이 멈추는 것은 아닙니다. 어디에 있든 소리가 있습니다. '쩍쩍' 하는 새소리처럼 어떤 소리는 즐겁습니다. 거리를 질주하는 트럭, 차, 앰뷸런스, 경찰차 소리는 즐겁지 않습니다. 소리를 그냥 오고 가게 하십시오. 우리는 지금 호흡 이외의 모든 다른 것들과 평화롭게 공존하는 것을 배우고 있습니다.

생각은 또한 왔다가 가곤 합니다. 기분도 그렇고 이미지도 그렇습니다. 마찬가지로 몸도 편할 때가 있고 그렇지 않을 때도 있습니다. 마음도 긍정적이 되다가도 부정적이 되기도 합니다. 수행에 전념해도 때로 싫증이 나기도 합니다. 이 모든 것을 통틀어서 온몸 호흡 알아차림을 고향처럼 만드십시오. 호흡은 그런 마음챙김을 지지하는 좋은 친구와 같습니다. 당신이 들숨 날숨과 함께 있을 때 바로 이 순간에 존재하는 법을 배우게 됩니다. 당신은 지금 숨 쉬는 그 자체와 함께 있는 것을 배우고 있습니다. 호흡이 여러 모습을 띠는 것은 오히려 수행하는 데 이점이 됩니다. 마음은 호흡이 긴지, 얕은지, 좋은지, 거친지를 보면서 호흡과 함께 깨어있는 것을 배웁니다.

이런 포괄적인 수행법은 특히 언어적 내용이 없기 때문에 지적인 사람에게 도움이 됩니다. 언어적 내용이 없으면 지적인 작동은 멈춥니다. 이 수행법에서는 지적인 생각에 옳고 그름을 묻거나 따지지 않습니다. 무엇을 고치려고 하지도 않고, 호흡을 어딘가에 도달하는 발판으로 쓰지도 않습니다. 오히려 마음이 바라는 것은 무엇이든 생각하게 허용합니다. 당신이 배우고 있는 것은 일어나고 있는 그대로 두는 것입니다.

미래의 이미지에 사로잡히거나 지나간 과거에 매달리지 않고 마음이 작동하게끔 그대로 두는 것을 배웁니다. 바로 지금 호흡은 단 한순간에 일어납니다. 그리고 그 순간에 깨어있는 것을 배우고 있습니다. 호흡은 깨어있으면서 완전히 집중하는 것을 유지할 수 있게 도와줍니다.

· 생각을 따라가지 마세요 ·

마음챙김은 지향성을 갖고 있습니다. 대상을 포착하고 모으는 역할을 합니다. 우리의 경우는 온몸에서 일어나는 호흡에 마음을 두는 것입니다. 집중할 수 있는 수많은 흥미로운 곳 중 우리가 선택한 것은 바로 몸, 앉아 있음, 그리고 호흡입니다. 마음이 만들어 낸 것이 심오한 것이든 사소한 것이든 간에 그것은 단지 심란함일 뿐입니다. 핵심은 앉아 있음, 호흡 그리고 그것을 안다는 바로 그 단순한 원리로 돌아오는 것입니다. 그래서 출발점을 아는 것이 중요합니다. 바로 지금 이 수행법에 당신의 몸을 맡기십시오. 이 점을 확실히 하지 않고 어정쩡한 태도로 임하면, 열린 마음의 창으로 거친 습관의 힘이 들어와서 몸과 마음을 차지해 버릴 것입니다.

　호흡을 알아차리게 되면서 호흡은 점차 평온해집니다. 수천 년 동안 수백만의 사람들이 체험한 바와 같이 호흡이 평온해지면 몸은 더욱더 이완됩니다. 왜냐하면 호흡은 몸의 강력한 조절 장치이기 때문입니다.

마음이 평온해지는 것을 봅니다. 왜냐하면 호흡은 마음의 강력한 조절 장치이기 때문입니다. 마음을 더 평온하게 하려고 노력하지 않아도 됩니다. 이러한 상태는 마음챙김과 함께 주어지는 선물입니다. 물론 더 값진 선물도 나타납니다. 몸의 이완은 마음의 이완을 이끌고, 마음의 이완은 호흡을 도와줍니다. 이것이 지속되면 몸은 연쇄적으로 좋은 방향으로 이끌어져서 좌선이 더욱더 쉬워집니다.

이 과정이 금방 한꺼번에 이루어지지는 않습니다. 그러나 조금씩 호흡을 알아차리게 되면, 더 평온해지고 더 평화로워집니다. 거기에 기쁨이 있습니다. 그렇지 않다면 왜 지루하게 수행을 하겠습니까? 이것은 신비한 것이 아닙니다. 나중에는 결국 몸과 마음, 호흡이 통합된 삶 속에서 작용하고 있음을 볼 것입니다.

그러나 마음을 편안하게 하려고 일부러 시도하지는 마십시오. 온몸의 에너지 장 속에서 그냥 호흡이 자연스럽게 일어나도록 허용해 주는 것, 그뿐입니다. 이것이 전부이고, 완성입니다. 수행을 통해서 어딘가에 도달하려고 하면 완전하게 관찰하거나, 완전하게 마음챙김을 할 수 없습니다. 만약 마음이 "와우, 호흡과 함께 머무르는 것이 정말로 평온하고, 즐겁고, 평화롭구나. 이게 바로 내가 원하는 거야."라고 한다면 좋습니다. 그것 자체는 진실입니다. 그러나 당신이 호흡을 관찰하면서 마음에 압박을 가하면 마음 한구석은 심란해지고 목표 지향적이 되어 버립니다. "나는 저것을 얻기 위해서 이것을 하고 있어."라고 하면 이전의 삶의 방식을 반복하는 것이 되어 버립니다. 당신이 원하는 평온함은 그냥 보는 것에서 나옵니다. 평온함을 얻기 위해서 애를 써서 관찰하게 되면, 그것은 투쟁이고 괴로움이 됩니다.

　이것은 호흡 감각을 탐색하는 문제가 아닙니다. 무엇이 탐색되든 받아들이는 수용의 기술을 일컫는 것입니다. 호흡이 호흡하는 그 자체를 보면서, 그리고 거기에서 일어나는 것을 수용하는 기술을 배우는 것입니다. 어떤 호흡을 하더라도 그 호흡 그대로 받아들이면서 깨어 머물러 있는 것이 우리의 과제입니다. 호흡을 자신이 원하는 것으로 만들거나 재단하려고 해서는 안 됩니다. 표준적인 건강 호흡이라고 여겨지는 그런 어떤 틀로 호흡을 밀어 넣어서는 안 됩니다. 애쓰지 않으면 보입니다. 그리고 그렇게 바라봄으로써 점차로 자연스럽게 호흡에 개입하지 않는 그 위치에 도달하게 됩니다. 개입하는 것을 봄으로써, 그리고 아주 미세하게 호흡을 조절하려고 하는 것을 봄으로써 조절하고자 하는 마음은 점차로 빠져나가고, 단지 있는 그대로를 보는 기술을 배우게 됩니다.

　호흡에서 멀어졌을 때 그것을 문제로, 실패 또는 실수라고 보지 않고 단지 그것을 바라보기만 할 수 있습니까? 호흡 감각에서 벗어나서 마음이 산만해진다고 해도 완전히 사로잡히는 경우가 아니면 후퇴가 아닙니다. 다시 마음을 추슬러서 깨어있음에서 벗어났다는 것을 알아차리면, 당신은 궤도에 제대로 올라선 것입니다. 단지 다시 호흡으로, 그리고 앉은 자세로 온몸 호흡 알아차림으로 되돌아가면 됩니다. 졸음에 빠지는 경우도 많지만 다시 돌아가면 됩니다. 비난하지 않고 부드럽게 그리고 은혜롭게 돌아갑니다. 종종 마음은 특정 습관 에너지를 활성화시켜서 지금 하고 있는 것을 평가하고, 낮은 점수의 성적표를 주기도 합니다. 마음이 하는 것을 그냥 지켜보기만 하십시오. 그것은 어쩔 수가 없습니다. 생각은 마치 구름처럼 오고 갑니다. 그러면 다시 호흡으로 되돌아옵니다. 한 번 앉은 자리에서 이천 번 씩 반복되거나 단 한 번에 이루어질 수도 있습니다.

처음부터 잘할 수는 없습니다. 나는 지금껏 제자들을 가르치면서 한 번도 예외를 본 적이 없습니다. 음악가, 프로그래머, 요리사, 육아 전문가 등 어떤 직업을 가졌든 아무리 높은 집중 수준을 가졌든 마찬가지입니다. 그것은 문제가 되지 않습니다. 우리 자신을 바라보게 되면 그것은 누구에게나 새롭게 시작되는 도전일 뿐입니다.

제일 먼저 해야 하는 것은 우리의 상황이 이렇다는 것을 그냥 보는 일입니다. 마음의 실제 상황은 거칩니다. 그 마음은 수행을 거쳐야 합니다. 마음은 새롭게 교육을 받아야 합니다. 우리는 생각을 따라가지 않는다는 것을 배워 본 적이 없습니다. 모든 생각을 신뢰하는 것이 얼마나 에너지를 낭비하고 있는지, 생각에 생각을 만성적으로 거듭하는 것에 우리가 얼마나 떠밀려 살아가고 있는지를 배워 본 적이 없습니다. 조심스럽게 살펴보면 생각에 아무런 가치가 없다는 것을 보게 될 것입니다. 우리는 계속해서 돌고 있는 기계처럼 그냥 습관 에너지를 사용하고 있을 뿐입니다.

수년 전 세계적으로 유명한 신경외과 의사가 명상을 배우기 위해 케임브리지의 수행 센터에 찾아온 적이 있었습니다. 한 달 정도 수행과 상담이 이루어진 다음, 그 의사가 개인적으로 나를 찾아와서 더 이상 수행을 하고 싶지 않다고 말했습니다. 왜 그런지 물었더니 아주 슬픈 표정으로 수행을 하는 동안 자신의 마음이 얼마나 혼란스러웠는지, 이런 마음은 자신이 사람의 뇌를 수술할 때 발휘하는 대단히 안정된 집중력과는 너무나 비교되어서 스스로 모욕받는 느낌이 든다고 했습니다. 그의 솔직함은 인상적이었습니다. 나의 권유에도 불구하고 그는 다시 수행 센터로 돌아오지 않았습니다. 다른 사람의 뇌는 볼 수 있었지만, 자신의 뇌는 볼 수 없었던 것입니다.

부디, 실망하지 마십시오. 계속하십시오! 마음을 다스리는 것이 급선무라는 것을 알고 단순히 호흡에 머물기만 하면, 호흡에서 멀리 떨어지고자 하는 경향은 점점 약해집니다. 호흡을 바라보는 것이 진정한 평화와 기쁨 그리고 말로 표현할 수 없는 유익함을 주기 때문입니다. 이렇게 되면 결코 다시 오지 않을 과거와 상상으로 가득 찬 미래에서 살고 있었던 구태의연하고 세련되지 못한 마음의 행동 양식에서 풀려나기 시작합니다. 당신은 이런 마음과 그냥 단순히 들숨 날숨에만 집중하는 마음을 서로 맞바꿀 수 있습니다.

수행이란 당신이 있는 바로 그곳에 있습니다. 그러나 이를 이해하는 것은 쉽지 않습니다. 우리들 모두는 상상으로 가득 찬 미래 또는 지나간 과거를 더 좋아합니다. 바로 지금을 좋아하지 않습니다. 왜 그런지는 사람마다 이유가 다릅니다. 돈, 섹스, 예술, 명성, 아름다움, 훌륭한 의상

등 스스로를 괴롭히는 끊임없는 수단을 갖고 있습니다. 누구나 "이것이 숨 쉬는 나이고, 나는 뛰어나기를 바란다."라고 생각합니다. 대단한 수행자가 되고 싶고, 평온해지고 싶고, 잘하고 싶습니다. 수행에서도 스스로가 도달해야 하는 지점을 머릿속에서 그립니다.

나의 가르침은 단순합니다. 당신이 있는 그곳에 머무르세요. 고통이 스스로의 생각에서 오는 것을 보게 된다면 그것이 지혜입니다. 스스로 되고자 하는 목표를 설정하고, 자신이 거기에 부족하다고 여기는 생각은 전부 마음이 만들어 낸 것입니다. 몸이 앉아서 숨 쉬고 있다는 사실에만 깨어있어야 합니다. 그것이 전부입니다. 넘쳐 나는 수행 관련 정보가 단순한 것을 오히려 복잡하게 만듭니다.

· 머리에서 발끝까지 ·

앞에서 언급한 것을 좀 더 보충해서 수행의 전체 흐름을 정리해 보겠습니다. 본인의 형편에 맞추어 자세를 올바르고 편안하게 정리하는 것에서 시작해 봅시다. 머리에서 발끝까지 위에서 아래로 쭉 몸 전체를 훑어 봅시다. 긴장, 딱딱함, 불편함이 있는지 느껴 봅니다. 마음챙김으로 불편하게 느껴지는 부위를 간단히 살펴보고 다시 지나갑니다. 완벽하게 할 필요는 없습니다. 이제 온몸의 호흡에 깨어있게 됩니다. 감각 에너지와 운동 에너지를 통해서 앉아 있는 실제의 몸이 드러나는 그대로 살핍니다. 어떤 이유에서든지 몸 자체가 살아 움직이는 느낌에서 단절된 삶을 살아왔다면 온몸의 호흡을 알아차리는 이 수행이 아주 낯설게 느껴질 것입니다. 하지만 계속 반복해서 이 수행을 하면 친숙하고 만족스럽게 느껴지는 순간이 옵니다.

그 다음 단계가 중요합니다. 아주 자연스럽고 명확한 것이지만 흔히 소홀하게 여기는 사실인 우리 모두가 숨을 쉬고 있다는 것에 조심스럽고 편안한 마음으로 주의를 집중합니다. 다시 말하자면 우리는 살아 있습니다! 이것을 알고 있었나요? 우리는 살아 있는 그 이외의 것을 억지로 만들 필요도 없고, 다른 곳에 갈 필요도 없습니다. 온몸 전체로 숨을 들이쉬는 것을 느끼듯이 단순하게 들숨을 감지하면 됩니다. 날숨에 대해서도 마찬가지입니다. 부드럽고, 이완되어 있으면서 그리고 깨어있는 것입니다. 거울이 자신 앞에 있는 모든 것을 비추듯이, 깨어있는 마음은 어떤 것에도 반응하지 않는 단순한 것입니다. 마음은 거울처럼 그 앞에 있는 것을 단지 비추기만 합니다.

대단하지 않습니까? 누군가가 나처럼 말합니다. "호흡이 그냥 자연스럽게 흘러가도록 내버려 두세요." 그러나 우리 모두는 스스로 알고 있는 것보다 더 많이 호흡을 조절하고자 합니다. 이것은 어쩔 수 없습니다. 때로는 호흡을 줄이거나 늘려서 들숨과 날숨을 즐겁거나 매력적인 것으로 만들려고 합니다. 즐거운 것이 되면 마음챙김을 하기 쉽지만, 더 즐겁지 않게 되면 마음챙김은 어려워집니다.

그러면 어떻게 해야 할까요? 이미 언급한 바와 같이 호흡을 조절하지 않으려고 하면 더 조절하게 됩니다. 이것은 소모적인 투쟁입니다. 대신 그냥 호흡을 조절하고자 하는 것을 경험하십시오. 매번 호흡 감각이 어떠한가에 신경 쓰지 말고 일정하게 주의 집중을 유지하는 것을 배우십시오. 조절하려는 마음과 전쟁을 벌이지 마세요. 제거하려고도 하지 마십시오. 당신은 생생하게 살아 있는 기술을 배우고 있습니다. 이 기술은 단지 떠오르는 것이 무엇이든지 그것과 함께하는 것입니다. 왜냐하면 그것이 거기 있기 때문입니다.

당신은 호흡이라는 단어를 느끼지 못합니다. 당신이 느끼고 있는 것은 실제로 부딪치는 것입니다. 그리고 그 반향은 몸을 통해서 옵니다. 정말로 마음이 잠잠해지면 당신은 발가락, 이마 또는 등에서 그 호흡 감각을 느낄 수 있습니다. 강요하지 마십시오. 그냥 일어나면 그것으로 좋습니다. 일어나지 않으면 또한 그것으로 좋습니다. 어떤 사람은 호흡을 콧구멍에서 느끼기도 하고, 또 다른 사람은 배에서 느낍니다. 왜냐하면 과거에 거기에 맞추어서 수행했기 때문입니다. 그곳이 당신이 숨을 느끼는 장소입니다. 그러므로 그 장소에 주의를 집중할 것이라고 미리 예상하지 마십시오. 특정 부위에서 호흡이 생생하게 느껴지는 것은 당신이 그곳에 주의를 집중했기 때문입니다. 다른 사람은 다른 신체 부위에서 더 생생하게 호흡을 느끼기도 합니다. 다음 좌선 때에는 다른 부위에서 호흡을 느낄 수도 있습니다.

· 있는 그대로 호흡을 받아들이기 ·

온몸의 호흡을 알아차리면, 경험 자체에 더 충실하게 되고, 마음이 어지럽게 만들어 놓은 것 즉 희론에 덜 사로잡히게 됩니다. 희론은 빨리어로 빠빤짜(papañca)라고 합니다. 빠빤짜는 생각이 감정을 낳고, 그 감정이 다시 또 다른 생각을 낳는 그런 상태를 말합니다. 우리는 실제로 일어나는 것과 아무 상관없는 별개의 연속적인 생각과 감정 속에서 현실을 살아가고 있습니다.

수행을 통해 우리는 점점 더 몸을 알아갑니다. 이런 지식은 해부학이나 생리학을 공부하는 것과는 다릅니다. 몸을 에너지의 장으로 이해하게 됩니다. 점차로 몸을 섬세하게 느끼게 됩니다. 내가 수년 동안 알고 있는 카이로프랙틱 치료사가 있습니다. 그가 "선생님의 수행 센터에서 오는 분들을 항상 저는 환영합니다."라고 말해서 내가 이유를 묻자 그는 이렇게 말했습니다. "그들에게 몸의 상태를 물으면 아주 정확하게 대답을 합니다. 왜냐하면 그들은 항상 자신들의 신체감각에 깨어있기 때문입니다."

이것이 바로 재교육의 결과입니다. 그것이 해탈은 아니지만 자신의 신체와 더 친숙할 수 있도록 도와줍니다. 종종 신경계가 향상됩니다. 에너지는 증가합니다. 몸은 여러 가지 음식과 다양한 기후, 또는 약물에 더욱 섬세하게 반응을 합니다. 건강에도 유익한 점이 많아서 뇌를 포함한 모든 신경계를 편안하게 해 줍니다. 평소에 사로잡혀 있는 일들에서 벗어나 편안한 휴식을 즐기게 됩니다. 아쉽게도 몸을 잘못 사용하거나 무시해서 단절되어 버렸지만, 몸에는 무궁무진한 지성이 숨겨져 있습니다. 하타 요가와 태극권처럼 훌륭한 신체 단련법들을 이제 우리는 마음대로 활용할 수 있습니다. 그리고 이런 신체 단련법은 몸이 가진 영적 지성을 일깨우는 데 도움이 됩니다. 그리고 또한 호흡 알아차림에 다가서게 해 줍니다.

여러분들 중에는 호흡에 어려움을 느끼는 분들도 있을 것입니다. 그런 경우 잠시 호흡에 집중하는 것을 그만두고, 간단히 몸의 감각에 주의를 집중해 보십시오. 잠시 쉬고 다시 해 봅니다. 너무 어려운가요? 혹시 수행은 이러저러해야 한다는 선입견을 자신도 모르게 가지고 있는 것은 아닌가요? 그것은 어디서 설정한 수행 목표인가요? 수행은 집중하는 것, 그것이 전부입니다. 집중하기 위해 호흡하는 것입니다. 왜냐하면 호흡이 쓸데없는 생각들을 끊어 주기 때문입니다. 아무리 좋은 것이라도 그것에 매여 있으면 반드시 역효과가 납니다. "나는 호흡에 모든 것을 집중할 거야. 그리고 지속적인 호흡 깨어있기로 올림픽 기록을 세워야지." 그러나 금메달은 지혜로워지거나 자유로움을 얻는 것과는 아무 관련이 없습니다.

깨어있다는 것은 더욱더 생생하게 살아가는 것입니다. 우리 모두에게 주어진 생생하게 살아 있음은 바로 이 자리 이 순간에 이미 와 있습니다. 그것은 호흡이라는 형태로 주어진 삶입니다. 당신은 지금 소리, 생각, 냄새, 이미지, 감정 그리고 마음이 만들어 낸 모든 것과 평화스럽게 공존할 수 있는 법을 배우고 있습니다. 지금 당신의 주의 집중의 주된 목적, 당신의 명상 주제는 그냥 앉아서 호흡하고 그것을 아는 것뿐입니다.

삶은 두 개의 궤적을 따라서 전개되고 있습니다. 하나는 마음의 궤적으로, 마음이 낳은 것에 권위를 부여하고 그것에 지배되는 삶입니다. 이 궤적에서 당신은 전적으로 사고에 바탕을 둔 삶을 살게 됩니다. 마음은 당신과 삶 자체의 원초적이고 때 묻지 않고 친숙한 경험 그 사이에 있습니다.

두 번째 궤적은 다르마인 법의 궤적입니다. 당신은 깨어있습니다. 당신은 주의 집중 상태에 있습니다. 당신은 존재 그 자체로 현존합니다. 당신은 당신의 경험과 직접 접촉합니다. 생각이나 이미지 또는 개념에 지배받지 않습니다. 바로 이것입니다! 당신이 알든 모르든 간에 바로 이 순간 모든 호흡은 바로 여기에서 일어납니다. '나는 정말 이 호흡을 있는 그대로 친숙하게 받아들이고 있는가?'라는 의문이 조금씩 생기기 시작합니다. 친숙하다는 의미는, 바로 여기 이 순간에 숨 쉬는 공기가 폐를 채우고 빠져나갈 때 경험하는 것이라면 어떤 것이라도 별개로 분리되어 있는 것이 아니라 온전하게 전적으로 경험하게 되는 것을 말합니다.

마음이 자신이 만들어 낸 그 무엇에 사로잡혀 있을 때 다시 몸과 호흡으로 돌아올 수 있겠습니까? 언제 어디서든 호흡을 알아차린다면 당신의 수행은 완벽합니다. 법의 궤적에서 벗어날 때('벗어나면'이 아니라 '벗어날 때'라고 말하는 것에 주목하기 바랍니다.), 자신을 판단하거나 자신에게 가혹하게 대하지 말고, 그리고 실망하지 말고 다시 호흡으로 돌아오면 됩니다. 인내는 모든 비판과 평가를 넘어설 수 있게 해 줍니다. 수행은 다시 돌아오는 것입니다. 사실 깨어있지 못하고 있다는 것에 깨어있다는 것이 바로 이미 당신이 돌아왔다는 것을 말해 줍니다. 마음이 다스려지지 못하고 너무 거칠어서 돌아올 필요성을 느끼지 못한다면 수행할 의미가 없습니다. 그러므로 부디 좌선과 호흡을 문제로 삼지 마십시오. 태국의 위대한 스승인 아잔 차 스님은 명상을 '마음을 위한 휴식'이라고 불렀습니다.

　마음은 마음 스스로와 새로운 관계를 맺는 법을 배우게 됩니다. 과거나 미래의 영역에 속하는 고정된 생각이나 지식과 경험 그리고 습관적인 조건화에 더 이상 권위를 부여할 필요가 없습니다. 때로는 과거로부터 축적된 것을 잘 활용하는 것도 필요합니다. 그러나 삶은 종종 그것이 없을 때가 더 좋습니다. 호흡을 알아차리면 마음은 더욱더 자유로워집니다. 마음은 더 정확하게 봅니다. 그리고 이런 바라봄은 지혜의 시작입니다. 그 지혜로 인해서 당신은 삶을 더 생생하게 살아가는 방법을 이해하게 되고 그리하여 더 현명하게 살게 됩니다.

· 걷는 행위도 그 자체가 수행 ·

재가 수행자인 키 나나욘(Kee Nanayon)은 그의 책 『순수함과 간명함(*Pure*

*and Simple)』*에서 "어떤 자세로 명상을 하든 호흡에 집중하면서 머무르세요. 호흡에서 벗어나면 이를 알아차리고 다시 호흡으로 돌아오세요. 언제 무엇을 하든 매 순간의 들숨과 날숨을 관찰하십시오. 그러면 마음챙김과 깨어있음이 계발될 것이고, 동시에 호흡을 알아차리고 있을 것입니다."라고 밝히고 있습니다.

붓다 시대 이후로 좌선과 행선(걷기)을 번갈아 가며 명상을 하는 것이 가장 효과적이라고 인정하고 있습니다. 지금까지 나는 좌선에만 초점을 맞추었습니다. 이제 걷기 명상을 포함해 그 틀을 확장하려고 합니다. 여기에는 서서 하는 명상과 누워서 하는 명상도 포함됩니다. 나는 여전히 온몸의 호흡을 알아차리는 수행법에 초점을 맞출 것입니다. 그리고 앞으로 우리가 볼 다른 두 단계, 호흡에 닻 내리기와 선택하지 않고 깨어있기에서 제시할 가르침은 걷기 명상에서도 동일하게 적용됩니다.

아마도 '걷기 명상'이라는 말을 들으면 대부분의 사람들은 본능적으로 신체 위주 또는 집단 수행인 경우에 몸을 마치 달팽이처럼 조용하게 움직이는 것을 연상할 것입니다. 이런 이미지를 머리에 떠올릴 만한 충분한 이유가 있습니다. 1970년대 위빠사나 명상이 처음 서구에 소개되었을 때, 두 가지 형태로 전해졌습니다. 하나는 태국 식이었고, 또 다른 하나는 미얀마 식이었습니다. 처음에는 미얀마의 마하시 사야도(Mahasi Sayadaw) 수행법이 더 유행했습니다. 이 수행에서 걷기 명상은 아주 느리게 움직이는 것을 강조했습니다. 마음을 챙기며 천천히 몸을 움직이면서, 마음속으로 '올리고, 옮기고, 내리고'라고 되뇌도록 가르쳤습니다.

그렇게 조심스럽게 천천히 움직이는 것은 아주 소중한 수행법이었고 수행자들을 고도로 집중시키고 스스로를 세심하게 살펴볼 수 있게 해 주었습니다. 그 결과 대부분의 수행자들은 걷기 명상은 서두르지 않는 작은 발걸음으로 하는 것으로 생각했습니다. 그때부터 지금까지 '느림'이 '영적'인 것과 거의 동일시되어 왔습니다. 반대로 빨리 걷거나 심지어 평상시 속도로 걷는 것은 '세속적'으로 여겨집니다. 보통 사람들이 자연스러운 속도로 매일 걸어 다니는 것은 너무나 친숙해서 영적인 것으로 볼 수 없다는 겁니다. 단지 극적이고, 의도적인 느림, 그리하여 일상적인 것과는 구별되는 것만이 특별하면서 순수한 명상 수행이라는 자격을 받은 셈입니다.

그런데 정말 그럴까요?

나는 한국에서 3개월간 참선 안거를 한 적이 있습니다. 거기서는 50분간 좌선을 합니다. 그 후 누군가가 죽비를 내려칩니다. 죽비 소리를 들으면 즉시 방석에서 일어나서 10분간 마음챙김을 하면서 빠른 걸음으로 걷습니다. 다시 죽비 소리가 나면 앉아서 명상을 시작합니다. 이렇게 좌선과 빠르게 걷기를 교대로 하는 수행이 상당 시간 지속되었습니다.

태국에서 수행자들은 종종 20~30걸음 정도 되는 거리를 자연스러운 속도로 앞으로 뒤로 걷곤 합니다. 그러면서 '붓도(buddho)'('깨어있으라!')라는 만트라를 암송하거나, 또는 하나의 주제, 예를 들면 죽음에 깨어있기를 계속합니다. 아잔 차 스님이 매사추세츠 배리의 통찰명상협회를 방문했을 때 그는 생전 처음 많은 수행자들이 모여서 아주 천천히 마하시 스타일로 걷기 명상을 하는 것을 보았습니다. 그는 수행자 몇몇을 불러 세우고는, 약간은 동정적인 눈빛에 장난기 있는 표정을 지으면서 "어디 아프시면 집에 가서 치료를 받으시길 바랍니다."라고 말했습니다.

걷기 명상의 또 다른 변형된 형태를 배운 것은 내가 태국 북서부에 있는 아잔 마하 부와(Ajahn Maha Boowa)의 숲 속 사원에서 수행할 때였습니다. 그곳에서는 걷기 명상을 할 때 손을 흔들거나 뒷짐을 지지 말고, 왼손 위에 오른손을 앞으로 모으는 차수(叉手)를 한 채로 걸으라고 가르쳤습니다. 이 방법은 걸을 때 마음을 명확히 모은다는 것을 강조하는 데에는 좋은 가르침이었습니다.

그러나 내가 걷기 명상을 지도할 때에는 팔을 자연스럽게 흔들고 걷기를 권합니다. 마치 일상생활에서 우리가 걸을 때와 똑같이 말입니다. 왜냐고요? 아주 자그마한 것이지만 걷는다는 평범한 행동도 섬세하게 알아차리면 좋은 수행법이 된다는 메시지를 전해 주고 싶기 때문입니다. 모든 수행자의 수행은 기법적인 차원을 벗어나서 삶 속으로 파고 들어가는 도전적인 프로그램의 일부입니다.

느림은 느림 그 자체일 뿐입니다. 자연스러움은 자연스러움 그 자체일 뿐입니다. 빠름은 빠름 그 자체일 뿐입니다. 우리는 이것을 볼 뿐입니다. 이렇게 마음을 챙기게 되면 어떤 속도로 걷기 명상을 하든 그 자체가 수행이 됩니다. 스스로에게 물어보십시오. 몸이 여기저기로 갈 때 마음은 그것을 관찰하고 있나요?

수행 센터에서든 집에서든 자연스럽게 걷는다는 것, 이것은 좌선을 단지 행동으로 연장한 것일 뿐입니다. 가르침은 똑같습니다. 즉 온 힘을 다해 깨어있으면서 몸 전체에 머무십시오. 그리고 몸의 어느 부위에서든 숨 쉬는 것을 느끼십시오. 여기서도 당신은 허용의 기술을 수행하고 있습니다. 몸은 이완되고, 숨은 자연스럽게 몸을 따라 흘러갑니다. 숨이 나타나는 곳이 어디든지 상관없이 숨을 받아들이십시오. 완전히 집중하여 자연스러운 속도로 걸으면서 명상을 배우는 것, 이것이 일상의 구석구석에 마음챙김을 적용시키는 전제 조건이 됩니다.

안거 수행을 하는 경우 나는 수행자들에게 규칙적인 속도로, 집이나 거리에서 걸을 때보다 약간 빠르게 걸으라고 가르칩니다. 느리게 걸으라고는 결코 말하지 않습니다. 핵심은 그냥 걷는 것입니다. 아주 쉽게 들립니다. 그런데 별로 힘도 들지 않는 이런 단순한 움직임을 방해하는 것은 도대체 무엇일까요? 단적으로 말하자면 그것은 당신의 생각과 감정입니다. 그 생각과 감정이 움직이면서 걷고 있는 몸을 당신이 바로 직접 친밀하게 맛보는 경험에서 멀어지게 합니다. 좌선을 할 때처럼 마음은 완전히 제멋대로 날뜁니다. 이렇게 날뛰는 마음은 시간과 공간의 제약을 받지 않습니다. 부끄러움도 모른 채 원하는 대로 할 뿐입니다.

외부인의 눈으로 보면 당신은 완전히 집중해서 몸을 움직이는 멋진 그림 속의 수행자로 보일지도 모릅니다. 그러나 수행 센터에서 걷기 명상을 하고 있는 동안, 실제로 당신의 마음은 여러 생각과 계획으로 급작스럽게 끄달리고 있을 것입니다. 점심으로 무엇이 나올까를 생각하거나, 또는 반드시 걸어야 할 전화번호를 떠올리고 있을지도 모릅니다.

그렇게 끄달릴 때는 마음을 챙기면서 걷는 것 자체에 전심전력을 다해 집중하면서 다시 돌아오는 것, 그것이 당신의 수행입니다. 종종 호흡이 아주 미묘해져서 마음을 다시 다잡아야 할 때도 있고, 몽롱한 생각이나 감정에 사로잡힐 때도 있습니다. 그럴 때는 마음이 걷는 것과 동떨어져서 어디로 가고 있는지를 그냥 보십시오. 투쟁을 하지 마십시오. 생각이나 마음이 낳는 어떤 것과도 전투를 벌이지 마십시오.

바로 지금 충분히 집중하고 있지 못하는 마음을 바라보는 그 관찰이 다시 마음을 바로잡아 줍니다. 그러면 당신은 몸의 움직임으로 다시 집중해서 돌아옵니다. 여기에서도 앉아서 명상을 할 때와 마찬가지로 자연스러움을 강요해서는 안 됩니다. 자연스러움이 없다는 것을 보는 것만으로 자연스러움은 다시 돌아옵니다. 마음이 호흡하는 몸으로 단순히 돌아올 수 있도록 부드럽게 도와주면 됩니다. 계속 반복해서 그렇게 하면 됩니다.

그룹 명상을 하는 경우, 앞에 있는 수행자에 주의가 끌려서 에너지가 쓰일 수 있습니다. 지금은 수행 센터의 실내디자인에 매혹되어서 실내장식가가 되거나, 다른 수행자들의 옷에 마음이 끌려 패션 디자이너가 되거나, 또는 주변의 각종 진귀한 식물에 관심을 두는 식물학자가 될 때가 아닙니다.

몸에 깨어있을수록 몸은 그 보답을 합니다. 몸과 긴밀하게 연결되어 있으면 몸과 마음은 하나가 됩니다. 마음은 이 방향으로, 몸은 딴 방향으로 가는 그런 일이 일어나지 않습니다. 평상시 걸을 때에도 나의 마음은 몸의 동작에 자연스럽게 깨어있습니다. 친구와 이야기를 하거나 버스를 타려고 할 때도 마찬가지입니다. 같은 경험을 숲 속이나 시골길에서도 합니다. 실제로 몸은 이런 자연스러운 활동을 즐깁니다. 이것이 건강하고 온당한 삶의 방식입니다. 몸과 호흡이 깨어있음의 에너지와 서로 침투해 구별할 수 없을 때 삶은 더 활기에 찹니다.

물론 각각의 걷기 명상 수행은 저마다의 유익함이 있습니다. 조동종에서는 천천히 움직이는 걷기 명상을 가르칩니다. 들숨일 때 발을 올리고 날숨일 때 발을 바닥에 닿으며, 걸음에 맞춰 호흡을 알아차리는 수행을 합니다. 조동종에서 가르치는 세심하고 의도적인 움직임은, 다른 느리게 걷기 명상 수행법과 마찬가지로 집중력을 향상시키고, 경황이 없고 마음이 붕 떠 있을 때 특히 유용합니다. 그러나 일상생활에 적용하기는 쉽지 않습니다.

평범한 걷기 명상이 갖는 이점은 그 단순함과 자연스러움에 있습니다. 집 안팎에서 걷는 속도로 수행하기 때문에 수행 센터에서의 걷기 명상 경험을 쉽게 일상의 삶으로 옮겨 놓을 수 있습니다.

· 명상은 삶의 방식 ·

나는 몇 년 전에 단순하면서도 아주 유용한 수행법을 아잔 뭄(Ajahn Mum)에게서 배웠습니다. 그는 캄보디아 스님인데, 말 그대로 땅에다 발을 붙이고 다니는 스승입니다. 처음 그를 만났을 때, 나는 그가 숲의 승려인지 물었습니다. 여기서 '숲'이라는 단어는 의식이나 제례에 관심을 가진다기보다 진정으로 명상적인 견지를 의미합니다. 그는 나를 똑바로 쳐다보면서, 내 질문의 의도가 무엇인지 잘 알았다는 듯이, 양발을 쫙 벌리고 그의 발바닥을 보여 주면서 말했습니다. "태국과 캄보디아의 모든 숲이 이 발바닥에 찍혀 있습니다." 우리는 웃음을 터뜨렸고, 2년간 함께 지내면서 수행했습니다.

이후 그에게 '해질녘 야외에서 하는 행법'이라고 불리는 수행에 대해 물었습니다. 나는 이것이 걷고, 머물고, 앉고, 눕는 행주좌와에 각각 똑같은 시간을 할당해서 수행하는 것이라고 잘못 알고 있었습니다. 처음에 그는 웃었지만, 곧 마음챙김에 접근하는 이 수행법의 정수를 가르쳐 주었습니다. 그는 온종일 각 수행 자세를 번갈아 하기를 권했습니다. 단 각각의 자세를 고정된 시간에 정해서 하는 것이 아니라 마음 내키는 대로 직관적으로 하라고 말했습니다.

그의 가르침은 아주 훌륭했습니다. 그의 말대로 나는 나 자신에게 맞추었습니다. 말하자면 좌선을 한 시간 정도 한 후, 걷기 명상을 15분, 서기 명상을 25분, 누워서 하는 명상을 15분 하는 식이었습니다. 나는 식사 시간과 화장실 가는 시간을 제외하고는 온종일 이 방법으로 수행을 계속했습니다. 네 가지 수행 자세를 모두 하면서 각 자세마다 시간에 변화를 주었습니다.

'근데 내가 왜 자세를 바꾸었지?' 나는 나 자신의 의도와 동기를 보지 않을 수 없었습니다. 제대로 잘했나? 게을러서 그랬나? 수면 위로 떠오르는 고통스러운 감정으로부터 도망치려고 그랬을까? 이 과정을 통해서 나는 마음챙김은 자세, 시간, 상황, 또는 장소에 구애받지 않는다는 것을 알게 되었습니다. 그것은 언제 어디서든 할 수 있는 것이었습니다. 얼마나 해방감을 맛보았는지요!

아잔 뭄의 가르침은 살아 있는 모든 것에 깨어있음으로써 호흡 알아차림을 깊이 이해할 수 있게 해 주었습니다. 이 가르침을 계기로 나와 많은 수행자들은 명상이 '영적'이라고 불리는 특별한 수행 자세의 기술들을 단순히 모아놓은 것이 아니라 하나의 삶의 방식이라는 것을 알았습니다.

서기 명상을 할 때에는 눈을 감고 해 보세요. 어떤 분들은 눈을 감고 있으면 몸이 기우뚱하거나 불안하게 느껴질 수도 있습니다. 그럴 때에는 다리로 몸의 무게를 잘 지탱하는 훈련을 통해 안정되고 균형 잡힌 자세를 유지할 수 있습니다. 이런 자세와 함께 호흡은 늘 친구로서 변함없이 같이 있다는 것을 기억하십시오. 누워서 명상을 하면 처음에는 졸음에 빠져들지만, 수행이 진전되면 차츰 누운 자세에서도 몸은 완전히 이완되지만 마음은 깨어있게 됩니다.

자신을 알아가는 과정의 일부로서 자신에게 어떤 자세가 더 효과적인지 알게 됩니다. 어떤 수행자들은 앉아서 하는 수행을 더 선호합니다. 그런 경우는 네 가지 자세를 거쳐 가는 동안 앉아서 명상하는 시간을 더 가질 것입니다. 다른 수행자들은 걷기 명상이 더 유익할 수도 있습니다.

모든 자세가 나름대로 역할이 다 있지만, 각각의 자세가 얼마나 유익한지는 개별 수행자의 성향에 달려 있습니다. 시간이 가면서 선호도가 변하기도 합니다.

수행자 여러분, 오전에 온몸 호흡 알아차림을 사용해 네 가지 자세를 하나씩 직관적으로 돌아가면서 수행해 보십시오. 특별한 장소를 고집할 필요도 없습니다. 수행을 하다가 잘되지 않고 마음이 흐트러지면 몇 번이라도 처음으로 돌아가십시오. 나를 비롯해 많은 수행자들에게 깊은 의미를 준 이런 발견이 여러분이 하루하루 처한 상황에서 놓여나 완전히 깨어있는 삶을 살아가는 데 도움이 되었으면 합니다.

붓다는 완전히 깨어있고, 생생하게 살아가고, 완전히 자유로운 사람을 의미한다는 것을 기억하기 바랍니다. 간결하고, 친숙한 걸음이 당신을 깨어나게 할 수 있다는 것을 상상해 보십시오.

질문 1 _ 왜 가르치는 사람마다 수행법이 다른가

여러 가지 호흡관법수행 중에 어느 것이 최고인지 모르겠어요. 나의 스승은 신체의 한 부위를 선택해서 집중하라고 가르쳤는데 당신은 온몸에서 느끼는 호흡을 알아차리라고 가르칩니다. 참으로 혼란스럽습니다.

대답 _ 지도자들은 자기 나름의 수행법을 지켜갑니다. 그리고 그것을 강요하기도 합니다. 배우는 입장에서는 혼란스러울 수 있습니다. 나도 초기 수행 시절에는 콧구멍, 윗입술, 인중, 아랫배, 가슴 그리고 온몸에 집중을 하라고 배웠습니다. 많은 스승들이 수행자 자신의 페이스대로 호흡하라고 가르쳤지만, 일부는 호흡을 더 편안하게 할 수 있게 호흡을 부드럽게 조절하라고 했습니다. 대부분은 들숨 날숨 모두에 주의 집중하라고 하지만, 더러 날숨에만 집중하라고 가르치는 분도 있습니다. 모두 자신이 선호하는 수행법을 주장합니다.

어떻게 해야 할까요? 나는 스승을 만날 때마다 그가 가르친 수행법을 익히기 위해 최선의 노력을 다했습니다. 그리고 내린 결론은 모두 다 옳다는 것입니다! 그렇습니다. 각 수행법은 나름대로 모두 가치가 있습니다.

특정한 수행법을 선택하여 그 방법대로 수행할 때는 그것을 가르친 스승이나 그 법의 전통 또는 그 수행 센터가 최고라고 여기면서 수행하는 것이 가장 도움이 됩니다. 행운이라고 생각하시면 좋습니다. 그렇게 해야 에너지를 활성화시키고, 흔들림 없이 수행을 할 수 있습니다. 그러나 수행이 무르익으면 보다 더 정교한 수행법이 필요합니다. 자신을 더 신뢰하게 되고, 순간순간 필요한 것이 무엇인지를 알게 됩니다.

지금은 배, 코, 가슴에서 호흡이 가장 생생하게 느껴지지만 시간이 흐르면서 그 지점은 변화하게 마련입니다. 거기에도 무상의 법칙은 적용됩니다. 온몸의 호흡을 알아차리는 것보다 한 부위에 초점을 맞추는 것이 좋다면 그대로 하십시오. 그것도 좋습니다.

마음챙김 수행과 집중 수행은 수행자의 성격과 기질에 맞출 필요가 있다고 나는 생각합니다. 두 가지 수행 이외의 수행에 대해서도 마찬가지입니다. 집착과 아집에서 벗어나게 해 주는 수행법이 자신에게 맞는 것입니다. 이것이 법이 살아 있는 수행입니다. 주위의 다른 수행자가 유용하다고 하는 수행법에 대해 너무 초조해하지 마시고, 본인에게 유익한 수행법을 찾으세요. 이런 열려 있고 탐색적인 태도는 솔직함과 인내심이 필요합니다. 이것이 바로 수행입니다. 결코 시간 낭비가 아닙니다.

질문 2   예전 수행법과 번갈아 해도 괜찮은가

예전에 하던 방식대로 나는 특정 부위에서 느껴지는 호흡 감각에 깊이 집중하고 그것이 끊임없이 변화하는 것을 관찰합니다. 그렇지만 나는 온몸의 호흡을 알아차리는 수행도 유익하다는 것을 알기 때문에 과거의 수행법과 온몸 호흡 알아차리기 사이를 왔다 갔다 하고 있습니다. 이렇게 해도 괜찮은가요?

대답 ___ 많은 사람들이 다양한 방법으로 호흡 수행을 하고 있습니다. 『호흡관법경』의 16단계도 모두 소중합니다. 그러나 모든 문헌을 통틀어 특히 중요한 것은 "온몸을 느껴 들숨을 알아차리면서 수련하며, 온몸을 느껴 날숨을 알아차리면서 수련한다."는 것입니다. 그러나 이 문장이 갖는 의미에 대해서 일치된 견해가 있는 것은 아닙니다. 나의 스승인 아잔 붓다다사 스님은 콧구멍에 이 의미가 있다고 해석했습니다. 내가 스승님의 해석은 나에게는 별로 잘 통하지 않는다고 하자 그는 그냥 웃고 넘어갔습니다. 그는 별로 신경 쓰지 않았고 나 역시도 마찬가지였습니다.

콧구멍에서 호흡을 감지하는 것이 마음을 평온하게 하고 집중하는 데 도움이 된다면, 내가 권하는 새로운 수행법을 시도할 필요는 없습니다. 그것으로 좋습니다. 나는 대찬성입니다. 그러나 나는 당신이 온몸 호흡 알아차림의 이점을 이해했으면 하고 바랍니다. 이해하기 위해서는 새로운 방법을 시도해야 합니다. 온몸의 호흡을 알아차리는 수행은 고도로 집중된 마음의 힘을 강조하기보다는 무한히 변화하는 것에 대해 깨어있으라고 말합니다.

질문 3 __ 호흡에 확신이 없다면

몸의 여러 부위에서 느껴지는 감각에 집중하지만, 정작 내가 호흡을 하고 있는지 아닌지 확신이 들지 않습니다. 갈피를 잡지 못하겠습니다.

대답 __ 당신의 심정을 충분히 이해합니다. 분명한 것은 마음은 당신이 행하는 거기에 있다는 것입니다. 호흡은 단지 호흡일 뿐입니다. 마음은 끊임없이 생각을 지어냅니다. 마음은 이야기를 엮어 내고, 해석하고, 그리고 '혼란스러움'을 만들어 냅니다. 핵심적인 질문은 당신이 좌선과 호흡에 계속 집중하고 있는가 하는 것입니다. 아무리 당신의 관심을 끄는 부위에 초점을 맞춘다고 해도 명상에서 멀어지면 그것들은 모두 다 마음을 산만하게 하는 것입니다. 그렇게 되면 당신은 더 이상 온몸의 호흡을 알아차리라고 강조하는 이 특별한 수행을 하고 있는 것이 아닙니다.

질문 4 __ 호흡을 과학적으로 이해하는 것은 잘못인가

사실 호흡은 횡격막의 움직임을 통해서 공기 분자가 폐로 들어오는 과정이지 않습니까? 그런데 이런 과학적 사실들을 제쳐두는 것인가요?

대답 __ 과학자인가 보군요. 예술가도 있을 텐데 그들은 마음에 그려진 그림을 봅니다. 꽃을 사랑하는 사람은 호흡의 향기를 맡는 경험을 합니다. 이 모든 것들은 정말 흥미롭습니다. 이런 것들이 쓸모없다고 보지 않습니다. 모든 마음은 자기만의 세계를 형성하고 해석합니다. 마음이 불쑥 무엇을 지어낼 때 "정말 고마워."라고 말하며 다시 호흡으로 돌아갑니다. 그것이 심오한 것이든 사소한 것이든 상관없이 이 모든 것들은 다 마음을 산만하게 만듭니다. 그것과 싸우지도 말고, 그것에 길을 잃지도 마십시오. 앉아서 숨 쉬고 '앉아서 숨을 쉰다는 것'을 아는 그 놀라울 정도의 단순함으로 다시 돌아오십시오. 들숨과 날숨으로 폐에 공기가 들어오고 나갈 때 느껴지는 그 원초적인 감각에 깨어있으세요. 그 이외의 것은 그냥 넘치는 것이니 흘려보내세요.

질문 5 온몸 호흡 알아차림 수행이 맞지 않는 사람도 있나

선과 뇌에 대한 책을 쓴 신경과학자가 있습니다. 그는 깨어있음이 뇌신경을 자극하기 때문에 나처럼 마음이 복잡한 사람에게는 호흡 알아차림을 권하지 않는다고 합니다. 이에 동의하나요?

대답 고대 문헌들은 이와 정반대되는 말을 하고 있습니다. 호흡은 아무 내용이 없습니다. 따라서 호흡이 지성에 관여하는 것은 없습니다. 고대의 문헌도 잊고, 신경과학자도 잊고, 내가 말한 것도 잊으십시오. 온몸 호흡 알아차림은 고정된 틀을 만들지 않는다는 것만 기억하세요. 틀에 매이지 않는 유연함이 가장 중요합니다.

이 수행법이 생각을 너무 많이 자극한다고 느낄지도 모릅니다. 그렇게 느낄 수 있습니다. 자연스러운 호흡을 단순히 알아차리는 것이 아니라 너무 많은 생각으로 접근하는 수행자들은 『호흡관법경』의 16단계 호흡법을 포기하고 싶지 않을 것입니다. 어떤 경우이든 아무 조건이 없는 유연한 호흡 알아차림으로 변환하기 위해서 당신은 마음에 약간의 생각, 예를 들면 숫자 세기 또는 들이쉴 때 '들숨', 내쉴 때 '날숨'이라고 이름 붙이는 것을 일시적으로 활용할 수도 있습니다.

시간이 흐르면서 당신은 여러 다양한 스승과 가르침을 경험하게 될 것입니다. 그리고 자신에게 가장 유익한 수행법을 알게 됩니다. 어떤 수행법 X에 비교해서 다른 수행법 Y를 의심할 필요는 없습니다. 가르침의 핵심은 바로 여기, 지금 이 순간에 당신을 깨어있게 해 주느냐 아니면 더욱더 혼란스럽게 하느냐에 달려 있습니다.

질문 6   호흡에 집중하지 못해서 화가 난다면

종종 호흡으로 되돌아가지 못해서 나 자신에 대해 엄청 실망을 합니다. 특히 호흡 수행 가르침을 받고 난 직후에는 더욱 그렇습니다. 내가 너무 심하게 매달리고 있나요? 차라리 호흡보다 내 마음을 점검하는 데 노력을 기울여야 하나요?

대답   대부분의 사람들은 호흡을 잘 따르라는 가르침을 듣고 그것이 잘되지 않아서 실망하기 쉽습니다. 이럴 경우 한 가지 방법은 당신의 욕망을 들여다보는 것입니다. 어딘가 목표 지점에 도달하려고 애쓰고 있나요? 아마도 당신은 대단할 정도로 평온함을 원하거나 엄청난 집중을 바라고 있을지도 모릅니다. 일단 이런 상황이 되면 당신은 붓다가 말한 둑카(dukkha, 苦), 즉 고통의 기반을 만든 셈입니다. 스스로 세운 목표를 기준으로 자신을 평가하고, 목표에 도달하지 못한 자신을 비판합니다. 이것은 자신 또는 타인을 혐오하는 정신적인 독소입니다. 자신과 타인을 순식간에 전쟁터로 내모는 것입니다.

의심할 여지없이 이런 정신적인 움직임은 수행 센터에 앉아서 명상할 때 처음 생긴 것은 아닙니다. 지금은 호흡이지만, 다음엔 섹스, 아름다움, 명성, 아이패드가 될 수도 있습니다. 비교할 때 고통을 겪게 됩니다.

본인이 실망한 것에 대해 실망하지 마십시오. 그냥 바라보세요. 깨어있음은 결코 실망하는 것이 아닙니다. 그냥 단순히 보는 것입니다. 관찰하기 시작하면 대상과 일체화되지 않습니다. 대상과 일체화되면 관찰할 수 없습니다. 깨어있음의 빛 아래서 실망하는 자신의 모습을 바라보세요. 그 다음엔 어떤 일이 일어날까요?

마음이 움직이고 있는 것을 바라보면 바로 그것이 위빠사나 수행입니다. 어떤 사람에게는 사마타로 시작하는 것보다 위빠사나로 시작하는 것이 더 낫기도 합니다. 아마 당신에게는 하나에 집중하는 것보다 이런저런 것들이 왔다 갔다 하는 것을 보는 것이 더 편안할지도 모릅니다. 그러다가 어떤 시기가 되면 호흡과 함께하는 고전적인 사마타 수행을 할 정도로 마음이 편안하게 될 수도 있습니다.

비교에서 오는 고통을 잘 볼 수 있다면 어떤 수행법으로 하든 지혜를 계발할 수 있는 기회가 주어진 것입니다. 이제 마음이 목표를 설정하고 자신이 거기에 모자란다고 하는 그 마음을 보세요. 나는 지금 단지 호흡을 하고 그것을 알아차리라고 말할 뿐입니다. 그뿐입니다. 간단하게 들리지만, 처음에는 그렇게 쉽지 않습니다.

질문 7　　호흡을 조절하지 않아야 한다는 생각에 스트레스가 쌓인다

명상을 하는 순간조차 호흡이 자연스럽지 않다는 것을 알게 되었습니다. 호흡을 조절하고 있더군요. 근데 호흡을 의식적으로 조절하지 않으려고 애를 쓰면 몸에 불안이 야기됩니다. 때로는 이것이 너무 스트레스가 되어서 평온하게 앉아 있기조차 힘듭니다.

대답　　"단지 호흡이 자연스럽게 되도록 내버려 둬라." 멋있는 말입니다. 그런데 갑자기 '나'가 뛰어듭니다. 이런 일은 우리 모두에게 일어납니다. 자아가 끼어들어 멜로드라마를 만듭니다. 자연스런 호흡에 '자신의 권리'를 주장합니다. 자아는 자신이 보장받기를 원하면서 이렇게 말합니다. "나 자아가 없다면 호흡하는 네가 있을 수 없어. 우리 같이 깨달음에 도달하자."

지금까지 내가 수없이 말한 바와 같이 (그래도 반복할 가치가 있습니다.) 마음이 조절하려는 것을 경험하십시오. 조절하려는 마음과 전쟁을 하거나 없애려고 하지 마십시오. 마음이 호흡을 늘이려고 하거나 억

제하려고 하면 바로 그것을 보십시오. 보는 그것이 호흡을 평온하게
만들어 줍니다.

마음챙김의 순간을 놓쳐서 갑자기 당신은 불안해지거나 또는 내가
언급한 것 때문에 더 불안해질 수도 있습니다. 지금 기억할 것은 호
흡을 알아차리게 되면 마음은 점차로 평온해질 것이라는 사실입니
다. 마음을 다른 데 두어서 산란하지 않는 한은 호흡과 함께 마음은
평온해질 것입니다. 조금씩 호흡을 알아차리면서 몸은 이완됩니다.
평온함은 호흡 알아차림의 선물입니다.

질문 8   자꾸 졸음에 빠진다면

마음이 평온해지고 천천히 움직이면 종종 졸음에 빠집니다. 이럴 때
마다 호흡 알아차림으로 나를 이끌고 갑니다. 제대로 하고 있는 건가
요?

대답   그렇습니다. 잘하고 있습니다. 수행을 할 때 졸리기도 합니
다. 그렇지만 그 시간은 지나갑니다. 알아차림에서 벗어났다는 것을
알아차리면 당신은 제자리로 다시 돌아온 것입니다. 알아차림은 집
중하는 대상을 향해 있다는 것을 기억하는 것입니다. 우리의 경우 온
몸의 호흡을 알아차리는 것입니다. 이런 이유로 우리는 온몸의 호흡
을 알아차리는 것을 수행이라고 부릅니다. 인내심과 순수한 관심을
필요로 합니다. 깨어있다가 졸리고, 졸리다가 깨어있기를 반복해서

하는 것입니다. 단지 자신의 페이스에 따라서 진행합니다. 거듭 강조하듯이 수행에서 유익함을 얻은 사람은 실망하지 않은 사람들입니다. 가르침은 간단합니다. 다시 시작하세요.

사람들은 보통 이완이 깨어있음을 방해하고, 깨어있기에 긴장 상태가 동반되는 것이 당연하다고 여기는데, 점차로 당신은 이완된 마음으로 아주 생생하게 깨어있을 수 있다는 것을 배우게 될 것입니다.

호흡은 늘 내 곁에 있습니다

| 2단계: 호흡에 닻 내리기 |

불교 명상에서 깊이 관찰한다는 것은 불이원론에 바탕을 두고 있다. 그러므로 우리는 (예를 들면) 짜증을 우리를 괴롭히는 적으로 보아서는 안 된다…. 우리는 마음챙김을 하면서 들숨과 날숨으로 우리의 짜증에 깨어있음의 빛을 가져다주어야 한다. 깨어있음의 빛 아래에서 짜증의 에너지는 우리를 키우는 에너지로 바뀌어 갈 수 있다.

틱낫한, 「숨 쉬어라, 당신은 살아 있다」

· 감정은 매 순간 변하지만 호흡은 늘 존재한다 ·

첫 번째 단계인 온몸 호흡 알아차림에서 숨 쉬는 것을 느끼는 것에 전적으로 초점을 맞추었습니다. 호흡에 집중하는 힘이 길러질수록 몸과 호흡은 더 자연스러워지고 마음은 더 평온하고 명징하고 평화로워집니다. 붓다의 진실한 가르침에 대한 신뢰와 확신이 뿌리내리기 시작하면서 마음은 두 번째 단계로 들어갈 준비가 됩니다. 바로 통찰의 힘으로 바라보는 법을 배우는 위빠사나 명상입니다.

두 번째 단계가 시작되면 호흡은 하나의 닻, 지지대로 작용합니다. 여기서는 호흡에 전적으로 매달리지 않습니다. 첫 번째 단계에서처럼 호흡을 알아차리면서 동시에 이완되어 있지만 한 걸음 더 나아가 삶이 펼쳐 놓는 모든 대상에 열려 있습니다.

앞 장에서 정해진 호흡 모델이나 이상적인 호흡의 형태를 정하지 않고 자연스럽게 호흡을 허용하는 것을 배웠듯이 열린 마음으로 자신의 삶과 경험에 드러나는 그대로 모든 것을 관찰하십시오. 좌선을 하면 몸과 마음의 모든 과정이 매 순간의 호흡마다 그 모습을 드러낼 것이고, 일어나서, 지나가고, 그리고 오고 가는 것을 보게 됩니다. 더 정밀하게 관찰하는 법을 배우고, 그 상태에서는 그 무엇에도 반응하지 않는 평정한 상태입니다. 깨끗하고 맑은 거울이 자신의 앞에 있는 것이 무엇이든지 상관없이 정확하게 비추는 것과 같습니다.

자세를 옮기고 싶은 욕망, 상대방과의 뜨거운 논쟁에 대한 기억, 심지어 침묵 그 자체와 같이 머리에 떠오르는 모든 것을 받아들여야 하는데 우리들 대부분은 일정한 목적과 과업에 익숙해서 떠오르는 그대로 앉아 있는 것이 불편할 것입니다. 그럴 경우 불편한 그 마음을 보십시오. 이럴 때 스승이 어떻게 하라고 이야기해 주지 않을까라는 바람이 생긴다면 바로 그 바람을 보십시오. 말이 아니라 바라는 마음의 본질을 봅니다.

모든 인간은 수시로 오고 가는 마음의 상태를 경험하지만 우리는 지금 그 마음을 다른 방식으로 다루는 것을 배우고 있습니다. 판단하거나, 해석하거나, 설명하지 않고 그냥 깨어서 관찰하는 것입니다.

두 번째 단계에서 가르치려는 것은 아주 너그러우면서 동시에 단호합니다. 우리를 성가시고 산만하게 하는 것은 없다는 것입니다. 무엇이 일어나든 단지 그뿐입니다. 좌선할 때 일어나는 평화로움, 불안, 의심으로 가득 찬 일련의 감정들은 수행을 위한 완벽한 재료가 됩니다. 일어나는 것들은 순간순간 변하지만 호흡은 일정합니다. 고독함이나 초조함 같은 강력한 에너지가 밀고 들어와도 호흡은 늘 그대로 있습니다. 어떤 자극에 자연스럽게 주의가 가 있거나 아무런 자극 없이 외로움이 지속될 때에도 그 뒤에는 들숨과 날숨에 깨어있는 마음이 깔려 있습니다.

호흡이 늘 있다는 것은 너무나 분명한 사실이지만 우리는 흔히 잊고 있습니다. 미얀마의 웨부 사야도(Webu Sayadaw)가 제자들에게 준 가르침이 여기 있습니다.

사야도는 묻습니다.
"여러분들은 모두 숨을 쉬지요?"
"예, 그렇습니다."
제자들은 대답합니다. 계속해서 사야도는 질문합니다.
"언제부터 숨을 쉬기 시작했나요?"
"태어나면서부터입니다, 스승님."
"똑바로 앉아 있을 때에도 숨을 쉬나요?"

"예, 스승님."

"걸어 다닐 때에도 숨을 쉬나요?"

"예, 우리는 걸어 다닐 때에도 역시 숨을 쉽니다."

"먹고, 마시고, 생계를 위해 일을 할 때에도 숨을 쉬나요?"

"예, 그렇습니다."

"잠을 잘 때에도 숨을 쉬나요?"

"예, 그렇습니다."

마지막으로 사야도는 묻습니다.

"아주 바쁠 때에도 숨을 쉬나요? '미안해, 나는 너무 바빠서 숨을 쉴 시간이 없어'라고 말하지 않나요?"

제자들은 대답합니다.

"숨을 쉬지 않고 살 수 있는 사람은 아무도 없습니다."*

물론 숨을 쉬지 않고서는 아무도 살 수 없다는 것은 진리입니다. 그러나 이 진리를 가지고 명상에 도움이 되게 할 수 있을까요? 좌선을 하면서 호흡을 하나의 닻으로 이용하게 되면 주의 집중은 더 넓어지고 열리게 됩니다. 그리고 깨어있고, 미세하게 주의 집중을 조정하고, 위로를 받고, 쓸데없는 생각들을 끊는 데 도움이 됩니다.

---

* 웨부 사야도, 『궁극적 평온함의 길: 선집』(스리랑카, 불교출판회, 1992), 80~81쪽에서 인용.

· 왜 안 되는 거지? ·

모든 것에 집중하면서 좌선을 한다는 것은 단지 거기에 무엇이 있는가를 바라볼 것만을 요구합니다. 이토록 단순한 명상의 기술이 어려운 것은 우리 대부분은 살아가면서 현재 이 순간에 존재하는 수많은 것들이 무엇인지를 관찰하는 것을 별로 원하지 않기 때문에 그렇습니다. 그렇게 한 평생을 보냅니다. 이것이 바로 "정말 대단한 것입니다. 이것이 바로 당신을 자유에 이르게 하는 길입니다."라는 스승의 말에 고무되어 엄청난 결의를 갖고 좌선을 해도 잘되지 않는 이유입니다.

신체적으로나 감정적으로 저항이 생겨납니다. 초보자의 경우는 더합니다. 다리는 저리고 시시때때로 슬픔과 공포와 같은 감정들이 떠오르면서 이런 강력한 감정들을 바라보는 것에 저항합니다. 어떻게든 해 보려 하지만, 마음은 희미해지고 이리저리 부딪칩니다. 마음은 끊임없이 명상 중 나타나는 것을 분석하고, 심리적으로 해석합니다. 이렇게 빙빙 돌면서, 생각 속에서 길을 잃어버리고, 낮에 일어났던 일과 저녁에 일어남 직한 일들을 이리저리 뜯어봅니다.

때로는 기억이나 감정과 같은 마음에서 일어나는 것들에 압도되기도 합니다. 아직은 당신의 집중 수준이 이런 마음의 움직임을 유익한 방식으로 다룰 수 있는 지점에 와 있지 않기 때문입니다. 때로는 거기에 빠져 있다는 느낌조차 들기도 합니다.

생각에 사로잡혀 있든, 감정에 휘둘리고 있든 어느 경우이든지 간에 전적으로 호흡에 주의를 기울여 첫 번째 단계인 온몸 호흡 알아차림으로 다시 돌아가는 것이 현명합니다. 당신이 떠안을 수 있는 것과 없는 것을 구별해서 아는 것 또한 명상 기술을 발전시키는 하나의 방법입니다. 외로움과 같은 감정이 나타지만 아직 그 감정을 감당할 만큼 준비되어 있지 않다면, "대단히 고맙습니다."라고 절하십시오. 그러나 당신이 무엇을 하고 있는지는 알아야 합니다. 그것은 부정이나 억압이 아닙니다. 오히려 이렇게 말하는 반응입니다. "우와, 이것은 외로움 또는 외로움을 생각하는 파도네. 근데 지금은 다룰 힘이 없어." 그때는 호흡으로 바로 돌아가는 것이 좋습니다. 들숨 날숨, 들숨 날숨. 이런 식으로 좌선을 끝냅니다.

첫 번째 단계인 온몸 호흡 알아차림으로 되돌아가면 몇 차례의 호흡만으로도 마음이 다시 안정됩니다. 그러면 다행스럽게도 자유로운 주의 집중의 장으로 호흡과 함께 되돌아와서, 오고 가는 몸과 마음의 상황에 깨어있게 됩니다. 그러나 항상 이런 상태가 잘 유지되는 것은 아닙니다. 다음 좌선에서 같은 방법으로 호흡을 알아차렸음에도 불구하고 초조함 또는 후회의 감정에 빠질 수 있습니다. 그냥 그 상태를 있는 그대로 받아들이면 됩니다. 불행하게도 마음의 소란스러움은 가시지 않습니다. 이것은 "내가 아직 위빠사나를 할 준비가 되어 있지 않다."는 것을 말합니다. 준비가 되어 있지 않다는 것을 아는 것은 자기의 현재 상태를 있는 그대로 이해하는 것입니다. 스승의 안내는 방향을 제시하는 것일 뿐입니다. 섬세한 변화에 대한 대응은 스스로의 수용과 통찰을 통해서 해야 합니다. 스스로의 체험으로 거기에 도달하면 실질적인 힘이 생기고 실생활에 유용하게 쓰일 것이며, 아름답고 멋진 삶이 펼쳐지고 있음을 깨닫게 될 것입니다. 전날에는 쉽게 모든 것에 열린 집중이 가능했지만 다음 날 아침에는 잘되지 않는다면, 첫 번째 단계인 온몸 호흡 알아차림으로 돌아가는 것이 현명하고 유익합니다.

이 수행법에 몇 가지 주의할 점이 있습니다. 때로는 수행자들이 나에게 말합니다. "좋아요. 당신의 가르침이 무엇인지 알겠어요. 그러나 내가 분노와 외로움 그리고 모든 무거운 감정들을 볼 수 있기까지 2~3년은 더 걸릴 거예요." 그렇다 하더라도 당신이 열린 집중 수행을 무한정 미룬다면 결코 그것을 발전시키지 못할 위험성이 있습니다. 극단적으로 말하면 수행 중 불가피하게 일어날 수밖에 없는 고통으로부터 너무 빨리 도망가면, 이 순간에 일어나는 마음을 관찰하는 것을 회피하는 습관을 강화하게 됩니다. 지금 이 순간에 일어나는 것을 관찰하지 못하면, 결코 자유로워질 수 없습니다. 호흡에 대한 집중이 고차원적인 도피 수단으로 잘못 사용될 수도 있습니다.

다른 말로 하면 온몸의 호흡을 알아차리는 첫 번째 단계만을 수행하면 일시적으로 아주 편안한 상태에 머물 수 있습니다. 그러나 수행을 여기에 한정하면 삶을 본질적으로 변화시킬 수 없습니다. 왜냐하면 당신은 여전히 고통의 본질을 다루고 있지 않기 때문입니다. 위빠사나 수행은 고통의 뿌리에서 해방되는 것을 강조하는 지혜 수행입니다. 고통의 뿌리를 뽑기 위해서는 바로 있는 그대로를 정확히 보는 것이 필요합니다.

첫 번째 단계에서 내가 허용과 수용의 기술을 강조한 것을 기억하시나요? 거기에서 당신은 호흡을 강제하거나 조절하지 않고, 있는 그대로 받아들이는 것을 배웠습니다. '이상적인' 호흡을 하려고 집착하거나 허둥대지 않았습니다. 호흡을 허용하고 수용하는 태도를 계발함으로써 분노나 공포와 같이 더 도전적인 감정들과 더욱 능숙하게 관계 맺을 수 있는 마음을 준비했던 것입니다.

동시에 특히 초심자들이나 마음이 힘든 사람들에게 다시 한 번 반복해서 말합니다. 아주 강한 감정 또는 끊임없이 반복되는 생각에 시달리는 경우에는 이 수행법의 첫 번째 단계인 호흡을 온전히 알아차리기로 돌아가는 것이 좋습니다. 당연히 강한 감정과 번뇌는 단번에 사라지지 않습니다. 물론 붓다는 완전히 깨닫고 난 다음에도 별도의 시간을 두고 호흡 알아차리기 수행을 했습니다. 붓다는 이것을 '지금, 여기에 행복하게 머무는 시간'이라고 부르며 제자들에게 호흡 알아차리기 수행을 권했습니다.

· 수념처 ·

앉아서 호흡 수행을 하게 되면 이것이 4념처의 첫 번째인 신념처(身念處)를 수행하는 것입니다. 몸에 대한 관찰입니다. 종종 나는 이 신념처를 판단하거나 분석하지 않고 몸과 호흡의 친숙함을 기르는 것이라고 아주 간단하게 표현하기도 합니다.

이제 온몸의 호흡을 알아차리는 단계에서 그 다음 단계, 즉 수념처(受念處)로 넘어갑니다. 즉 받아들이는 감각인 웨다나(vedanā, 受)를 바라보는 단계입니다. 웨다나는 빨리 어로써 감각 또는 느낌을 말합니다. 불교의 가르침에서 웨다나는 단순히 정신적 느낌만 말하는 것이 아닙니다. 오히려 감각기관을 통해 형성된 즐거움, 즐겁지 않음, 무덤덤한 감각을 말합니다. 붓다의 가르침에서는 여섯 가지 감각을 말하고 있습니다. 즉 보고, 듣고, 촉감을 느끼고, 맛보고, 냄새 맡고, 생각하는 것입니다. 이것들은 감각기관을 통해서 옵니다. 불교 경전에 따르면 웨다나로 인해서 윤회를 하게 됩니다.

먼저 수념처의 즐거운 감각에 대해 살펴보겠습니다. 무엇인가 즐거운 것이 있으면 그것에 집착하고, 붙잡고, 돌아가려는 욕망을 일으킵니다. 초콜릿 한 조각이 담긴 접시가 있다고 합시다. 더 이상 먹고 싶지 않아서 저 멀리 치워 놓았지만, 어느새 포크로 한 조각 한 조각 먹고 있는 자신을 봅니다. 결국은 다 먹어치워 버릴 것입니다. 이렇게 웨다나에 깨어 있지 못하면, 더욱더 즐거운 감각을 강박적으로 추구하는 욕심을 일으킵니다. 이런 반응은 즐겁지 않은 감각을 의식하지 못한 채, 그것들로부터 멀어지거나 없애려고 합니다. 이것은 강박적이고 기계적으로 반응하면서 일어납니다.

수념처의 두 번째 감각인 즐겁지 않은 감각을 설명하기 위해 수년 전 어느 시골에서 안거 수행을 지도할 때의 일을 들려 드리겠습니다. 막상 그 장소에 도착하니 안거 장소인 낡은 빌딩을 수리하는 일꾼들의 톱과 망치 소리로 가득 했습니다. 참여 신청을 한 수행자들은 불같이 화를 냈습니다. 많은 사람들이 이 안거에 참석하기 위해서 돈을 모으고 일정을 조정했습니다. 당연히 윙윙거리는 날벌레 소리와 즐거운 새소리가 있는 목가적인 분위기를 원했을 것입니다. 불만이 고조되자 나는 진행 요원들과 함께 상황을 점검했습니다. 그리고 집으로 돌아가기를 원하는 참가자들에게는 환불을 해 주겠다고 했습니다. 남겠다는 참가자들에게는 이런 돌발 상황을 수행 과제로 삼을 수 있다고 했습니다.

그러자 아무도 떠나지 않았습니다. 나는 참가자들에게 소음을 들을 때 일어나는 좋지 않은 감정과 이에 동반되는 짜증과 혐오에도 주의 집중을 할 수 있어야 한다고 했습니다. 마음을 기울여 주의 집중을 하면서 참가자들은 소음에 대한 반응은 소음과 연관되어 있지만 구별할 수 있다는 것을 알기 시작했습니다. 명징하고 세심한 마음으로 들으면 그 소음은 그냥 쾅, 퉁, 삐걱 하는 소리일 뿐입니다. 그들이 느낀 소음에 대한 즐겁지 않은 감각은 엷어져 가거나 심지어는 사라져 버렸습니다. 마음은 쾅, 퉁, 삐걱 하는 그 단순한 소리와 함께 평온함을 되찾았습니다. 다행히 그 수리는 그렇게 오래가지 않았습니다. '소음 가운데에서 단순히 듣는' 수행은 안거 기간 동안 참가자들에게 깊은 영향을 미쳤습니다.

마지막으로 수념처에는 무덤덤한 감각이 있습니다. 이런 상태를 경험할 때는 종종 졸음에 빠지거나 마음이 여러 잡다한 생각에 젖는 수가 있습니다. 대부분의 사람들은 살아가면서 얼마나 이런 상태에 많이 접하게 되는지를 인식하지 못합니다. 아무것도 일어나지 않는다고 생각할지 모릅니다. 그러나 무엇인가가 일어납니다. 무덤덤한 감각입니다. 스스로의 삶에서 이것을 검증해 보십시오. 그리고 이것에 깨어있을 때 어떤 일이 일어나는지를 보십시오. 마음이 매력적인 환상이나 계획 또는 걱정으로 시간과 공간을 채우고 있지 않은가 말입니다.

앉아서 숨 쉬며 온몸에 주의 집중을 하고, 동시에 그 감각이 생생한지 그렇지 않은지에 집중하십시오. 그러면 그 감각이 즐거운지, 즐겁지 않은지, 무덤덤한지를 보게 될 것입니다. 심사숙고하는 데 많은 시간을 들이지 마십시오. 단지 분명한 첫 반응에 깨어있기 바랍니다. 감각이 느껴지는 몸 부위를 알아차리세요. 아마도 당신의 오른쪽 발목이 약간 땅겨서 즐겁지 않은 느낌을 가질 수도 있습니다. 또는 손이 이완되고 부드러워져서 즐거운 감각이 생길 수도 있습니다. 이런 종류의 감각과 감정은 지속적으로 일어납니다. 그러나 명상 수행에서 주의 집중을 할 때에만 약간 다른 차원으로 들어가서 그 감각이 즐거운지, 즐겁지 않은지, 무덤덤한 감각인지를 알아차리고 거기에 조율하게 됩니다. 예를 들면 발목이나 손에서 느껴지는 감각을 알아차리면 그 감각의 성질은 변화되고 그 강도가 줄어들 수 있습니다. 줄어들지 않더라도 그것이 즐거운지, 즐겁지 않은지, 무덤덤한 감각인지를 알아차리십시오.

수념처에 깨어있는 것이 약하거나 아예 없다면, 탐착, 혐오, 어리석음으로 가게 되는 일련의 과정들이 움직입니다. 불교 가르침에서 수념처를 인과론의 연쇄 사슬의 약한 고리로 언급하는 이유입니다. 감정이 일어나는 순간에 충분히 깨어있게 되면, 수념처가 가진 에너지를 흩뜨려서 즐겁거나 즐겁지 않거나 무덤덤한 감각과 고통의 원인인 탐착, 혐오, 어리석음의 고리를 끊게 됩니다.

앞에서 말했듯이 호흡을 놓치지 않고 명상을 쭉 하게 되면 평화와 환희의 순간이 옵니다. 호흡 감각은 잔잔하고 부드럽고 따뜻한 흐름으로 몸을 타고 흘러갑니다. 사랑스럽게 말입니다. 그러나 여기에 매달리면서 문제가 생깁니다. 호흡이나 몸에 일어나는 즐거운 감각에 집착해서 그 상태를 영원한 고향으로 갖고 싶어 하거나 적어도 이 상태가 지속되기를 바라는 것입니다. 그런데 '유효기간'이 다 되어서 다음번 명상에는 이전보다 더 많은 평화로움으로 채워지기를 기대한다면 어떤 일이 생기겠습니까? 설상가상으로 명상의 집중 장소인 콧구멍도 찾지 못한다면 어떻게 되겠습니까? 그게 바로 고통입니다!

어떤 경우 호흡이 즐겁지 않을 수도 있습니다. 들숨, 날숨이 싸움입니다. 마음은 주의 집중을 하는 데 저항합니다. 어지럽게 날뛰는 호흡으로 앉아 명상을 하면서 스스로에게 자문할 것입니다. "이게 뭐야? 이건 평온하고 즐거운 명상과는 거리가 멀어." 이제 즐겁지 않은 감각의 한가운데에서조차 다시 평온하고 신선하고 명징한 마음 상태를 되찾을 수 있는지를 보는 것입니다. 닻으로 사용하고 있는 호흡이 문제를 일으키는 경우를 살펴보는 것입니다.

이런 종류의 어려움을 겪으면 다른 수행법을 배워야 한다고 생각하는 수행자도 있습니다. 그러나 그렇지 않습니다. 가르침은 여전히 동일합니다. 즉 혐오감을 보고, 또한 평정심이 사라짐을 보는 것입니다. 평정심이 깨진 순간, 호흡을 닻 삼아서 알아차림으로써 평온함을 다시 회복합니다. 이렇게 바라봄으로써 마음은 자신의 한계를 알아차리는 소중한 교훈을 얻습니다. 다른 말로 하면 깨어있음은 탐착, 혐오, 어리석음으로 물든 마음을 보는 것입니다. 정확하지 않음에서 정확한 바라봄이 나옵니다. 이 지점에 도달하면 당신은 제자리로 돌아온 것입니다.

더욱더 깨어있음을 강화하면 어떤 일이 일어나더라도 그것의 자극에 별로 반응하지 않고 받아들일 수 있습니다. 마음은 즐거운 것이든, 즐겁지 않은 것이든, 무덤덤한 것이든 흔들리는 감정 앞에서도 명징하고 굳건하게 자리 잡는 것을 배웁니다.

신·수·심·법, 4념처를 순서대로 살펴보고 있지만 언어, 특히 글로 표현된 언어는 한계가 있습니다. 언어로는 순서가 있지만 현실은 그렇지 않습니다. 좌선 수행이 신념처에서 법념처에 이르기까지 딱딱 순서대로 전개되지 않을 것입니다. 동시에 일어나기도 할 것입니다. 내가 강조하고 싶은 것은 그 순간순간 가장 생생하게 떠오르는 것과 씨름하면서 수행하라는 것과 안정되고 세심한 마음을 계속해서 계발하라는 것입니다. 그런 마음은 삶과 늘 함께 있습니다. 글자로 된 언어의 한계를 이해하면 수행에 유연성이 생깁니다.

· 심념처 ·

이제는 심념처(心念處)에 대해 살펴봅시다. 좌선을 하면서 오고 가는 마음의 여러 성질들을 판단하지 않고 마음을 직접 보게 됩니다. 여기에서 불법의 근본적인 가르침을 배웁니다. 번뇌와 번뇌가 없는 상태에 친숙해지고 이를 탐색하게 됩니다. 탐진치 삼독은 탐착, 혐오, 어리석음의 근본 번뇌를 말하는데, 다양한 번뇌들이란 근본 번뇌에서 파생되는 여러 가지 번뇌 부수들입니다.

소용돌이치는 공포를 예로 들겠습니다. 이때의 공포는 몸과 온 신경계를 통해서 경험되는 공포 그 자체의 실질적인 에너지입니다. 맥박도 변하고, 호흡도 변하고, 자세도 변하고, 마음도 변합니다. 모든 것이 공포에 물듭니다.

공포 에너지가 일어나면 영원히 갈 것처럼 느껴집니다. 마치 산처럼 커다랗고, 움직일 수도 없고, 영원하게 보입니다. 그러나 공포를 잘 살펴보면 공포 에너지가 순간순간 변한다는 것을 알 수 있습니다. 최고조에 이르렀다가는 사라지고 또다시 일어나기도 합니다. 공포의 양상은 일정하지도 않으며 예측할 수도 없습니다. 그러나 결국은 공포를 느끼는 마음을 잘 챙기면서 주의 집중을 하고 호흡을 하나의 닻으로 활용하면 공포 에너지는 점점 줄어듭니다.

마음챙김, 깨어있기, 주의 집중은 단순히 말이 아닙니다. 그것은 에너지의 형태입니다. 마음챙김으로 공포를 살피면서 공포를 알아차리고,

깨어있기를 하면 바라보는 행위가 갖는 에너지가 공포 에너지를 만나서 변화시킵니다. 이렇게 들숨 날숨 수행을 하면 공포는 떨어져 나갑니다.

이것이 에너지의 역동적 변화의 전부입니다. 강력한 깨어있기 에너지가 공포라는 형태로 얼어붙은 에너지를 변화시키고, 풀려나서 자유롭게 된 에너지를 우리가 잘 활용할 수 있게 됩니다. 고대 중국의 참선 전통에서 사용하는 비유를 빌리자면 번뇌로 인해 경직된 마음은 얼음이고, 깨어있는 마음은 물입니다.

호흡을 닻으로 삼아 계속 좌선을 하게 되면 우리의 삶에 근본적인 변화를 더욱더 경험합니다. 어쩔 수 없이 일어나는 마음의 여러 상태에 무력감을 느끼지 않고 삶의 어떤 고난 앞에서도 견딜 수 있는 힘을 얻을 수 있습니다. 한순간 너무 무시무시해서 옮길 수 없는 산처럼 보였던 감정도 극복 가능하다는 것을 경험으로 알게 될 것입니다. 그렇게 극복 가능한 이유는 그 감정들을 볼 수 있기 때문입니다. 당신은 마음속으로 들어가서 직접 보고 있습니다.

수행으로 강화된 관찰과 주의 집중의 힘은 가장 큰 공포 에너지를 포함하여 그 어떤 것보다 셉니다. 그것은 마치 미동도 없이 불타오르는 화염과도 같습니다. 물론 명상을 하면서 혼란, 놀라움, 또는 짜증은 여전히 나타나지만 그 강도는 훨씬 약합니다. 분노가 찾아오면, 그냥 간단히 "안녕, 여기 분노가 왔네."라고 말하게 되는 때가 올 것입니다. 깨어있음이 함께하기 때문에 덜 당황합니다. 깨어있음은 분노의 감정에서 강하게 에너지를 빼앗아 버립니다. 그 지점에서 분노는 이빨 빠진 호랑이 신세가 됩니다. 화가 났지만 화를 입지는 않습니다.

· 법념처 ·

나는 수년 전에 우 판디타 사야도(Sayadaw U Pandita)와 함께 수행을 한 적이 있습니다. 그는 수행 중에 일어나는 모든 것에 마음속으로 이름 붙이는 미얀마 식 수행법을 사용했습니다. 나의 마음은 아주, 아주 맑아졌습니다. 나는 마음속으로 이름을 붙이자 그 단어들이 떨어져 나가는 경험을 했습니다. 나는 사야도에게 가서 말했습니다. "나는 마음속으로 이름 붙이기를 하기로 마음을 먹었고, 이름을 붙였고, 이름을 들었지만 이름들은 말도 안 되는 소리가 되어서 사라졌습니다." 그는 아주 행복해했습니다. 그러고는 "아주 좋습니다. 대단합니다."라고 말했습니다. 이어서 질문하기를, "그런데 그것에서 무엇을 배웠습니까?"라고 했습니다. 나는 당혹스러웠고, 아무런 답을 못했습니다. 그는 나를 대신해서 이렇게 말해 주었습니다. "단어 붙이기를 한 생각은 공입니다. 무상입니다. 당신은 생각의 실체를 본 것입니다."

생각의 본질을 관찰하고 이해하는 것은 심념처의 또 다른 측면이면서 동시에 법념처(法念處)의 핵심입니다. 호흡을 닻으로써 하는 위빠사나 수행을 하게 되면, 생각이 당신을 꽉 잡고 있는 맹렬한 힘을 봅니다. 생각은 분노와 공포처럼 당신과 일체화되기 때문입니다. 초심자들이 흔히 겪게 되는 간단한 생각을 예로 들어보겠습니다. "나는 형편없는 수행자야. 나는 별로야. 나에게는 희망이 없어. 이렇게 거친 마음을 결코 닦지는 못할 거야." 그렇습니다. '희망이 없다.'고 생각하면, '희망이 없습니다.' 그러니 어떤 생각도 짓지 마십시오. 그것이 최선입니다.

깨달음에 대한 생각도 마찬가지입니다. "나는 깨달음의 경지와는 몇 광년의 거리나 떨어져 있어. 나에게 그런 일이 일어날 리가 없어. 여기 다른 수행자들은 가능해도 나는 안 될 거야." 그런 생각이 들면 그 생각을 믿고, 그 생각과 일체화됩니다. "그래. 나는 가치가 없어. 나는 결코 깨닫지 못할 거야." 이렇게 생각하는 대신에 그 생각에 주의를 집중하고, 단지 생각일 뿐이라는 것을 보십시오. 그것이 전부입니다. 허공에 쓰인 문자처럼 견고하지 않습니다.

수행이 진행되면 마치 강한 감정을 보는 것처럼 생각이 일어나는 것을 볼 것입니다. 생각은 스스로 힘이 없다는 것을 알게 될 것입니다. 아무런 실체가 없는 공한 것입니다. 강력한 감정처럼 반복적이고 강박적인 생각이라고 할지라도 결국은 약해지고 사라질 것입니다.

처음에는 생각에 매달립니다. 그 생각에 지배당하고 있다는 것을 알아챌 것입니다. 그러나 실망하지 말고 당신이 쌓은 지혜가 생각의 기차에 올라타고 있는지, 아니면 정류장에 서서 생각의 기차가 지나가고 있는지를 구별하기 시작할 것입니다. 마음이 안정되어 가면 이 방법을 사용해 보십시오. "앉아서 명상을 하면서 나는 들숨 날숨을 한다. 그러면서 단지 마음을 관찰한다."

깨어있음의 빛 안에서 생각은 떨어져 나갑니다. 사고의 영역에 갇힌 것이 아니라 명징하게 있는 그대로 보면서 살아가게 됩니다. 이것은 스스로 자유롭게 살아가기 위한 거대한 단계입니다.

법념처에 도달해 당신의 마음이 깨어있음과 이해라는 측면에서 더욱더 다스려지게 되면, 붓다 가르침의 정수인 삼법인(三法印, 다르마)을 보게 됩니다. 삼법인이란 형성된 세계의 세 가지 특질을 말합니다. 즉 무상(anicca), 고(dukkha), 무아(anattā)를 통찰하면서 삶의 지혜를 알게 됩니다. 무상을 통해 영원한 것은 없으므로 내려놓음을 보고, 무아를 통해 나라고 부를 만한 것이 없다는 것을 보며 자아에 대한 그릇된 견해를 없애고, 이러한 진리를 보지 못해서 생기는 고를 바로 직면하게 됩니다.

모든 것에 열린 채 호흡 명상 수행을 하면, 삶의 모든 것은 변화로 이루어져 있다는 것을 알게 됩니다. 모든 것, 정말로 모든 것이 변화한다는 것, 이 본질을 바로 보는 것은 위빠사나 명상에서 깊은 의미를 지니고 있습니다. 무상의 법칙은 어떤 것에 상관없이 작용됩니다. 앉아 있는 몸에도, 마음에도, 우주에도 작용합니다. 이것은 삶의 방식입니다. 너무나 분명한 사실입니다. 더욱 깊이를 더하면서 생각이 오고 가는 것, 온몸의 에너지는 순간순간 변하면서 영원히 가는 감정은 없다는 것, 그리고 태도는 흔들린다는 것을 보게 됩니다. 마치 날씨가 끊임없이 변하는 것과 같습니다. 당신은 행복합니다. 당신은 행복하지 않습니다. 당신은 낙관주의자입니다. 당신은 비관주의자입니다. 그것은 너무 소란스럽습니다. 그것은 너무 조용합니다.

어떤 불교 사원에서는 불전에 바친 꽃을 약간 (때로는 좀 더) 시든 상태로 두기도 합니다. 여기에 가르침이 있습니다. 싱싱했던 꽃이 얼마나 무상하게 시드는가? 어떤 이는 곧 시들 꽃을 무엇 하러 사냐며 꽃을 사지 않습니다. 다른 이는 생화 대신에 조화를 사기도 합니다. 그러나 제일 좋은 것은 탐스런 하얀 진달래나 국화가 살아 있는 동안 그 즐거움을 만끽하는 것입니다. 우리는 어떻게 해야 하는지를 알고 있습니다. 꽃이 시들었다고 해서 이를 악물고 땅을 치며 울부짖는 것이 아니라 그 꽃이 피어 있는 동안 꽃을 즐기고, 꽃이 시들면 시들었다고 받아들이고 이해하는 법을 이미 배웠습니다.

꽃의 시듦처럼 아주 간단한 것에서 시작해 무상을 통찰해 가면, 삶에서 일어나는 큰일에도 적용할 수 있습니다. 우리 모두는 늙습니다. 우리 모두는 병듭니다. 우리 모두는 죽습니다. 우리는 이것으로 인해 힘든 시간을 보냅니다. 꽃이 아니라, 우리가 말입니다. 우리를 둘러싸고 있는 것들의 무상함과 변화를 이해하게 되면 우리 자신의 삶 속에도 이러한 자연법칙이 적용된다는 것을 관찰하게 됩니다. 이것은 지적인 개념이 아닙니다. 사실 진정한 통찰은 사고를 수반하지 않습니다. 그것은 뼛속 깊이 직접 오는 경험입니다. 우리가 아는 것과 우리 자신 사이에는 아무런 벽이 없습니다.

앉아서 호흡 명상을 하면서 모든 것이 오고 가는 것을 보게 되면 변화는 자연스러운 일이라는 것과 우리는 자연의 일부라는 사실을 더 편하게 받아들이게 됩니다. 아무도 예외는 없습니다. 무상을 이렇게 명징하고 정확하게 볼 때 붓다의 가장 소중한 가르침 중 하나, 즉 불안정하고 불확실한 세상에서 그 무엇에 집착하는 것이 어리석다고 하는 가르침을 이해하게 됩니다. 집착하고 매달리는 것은 당신이 되고 싶어 하는 것과 실제로 세상이 흘러가는 것 사이에 충돌이 일어나게 합니다. 다른 말로 하면 고통을 받게 합니다. 무상을 보게 되면 집착을 내려놓는 자유로움을 알게 됩니다.

· '나' '나의 것'이 문제라고요? ·

나와 함께 수행했던 한 제자가 어느 날 자신의 삶이 무상함을 명상하면서 컴퓨터 기술자인 자신의 직업을 사회에 보탬이 되는 직업으로 바꾸고 싶다고 했습니다. 직업을 바꾸고 싶은 열망이 강해지자 앞으로 어떻게 해야 할지에 대한 고민으로 혼란스러워하며 고통을 받고 있었습니다.

수행이라는 측면에서 보면 그가 경험한 불확실한 경험은 "나는 혼란스러워."라고 번역될 수 있습니다. 그러나 수행은 혼란으로 혼란스러워지지 않습니다. 오히려 혼란스러운 마음을 자아 중심적 마음 상태라고 봅니다. 혼란을 만든 낡은 마음이 자기가 만든 문제를 해결하려고 하지만 문제를 푸는 올바른 해법은 평온하고 안정된 마음으로 명징하게 바라보는 것에서 나옵니다. 다시 말씀드리지만, 혼란으로 혼란스러운 것이 아닙니다! 혼란은 단순한 마음의 상태일 뿐입니다. 깨어있음은 결코 혼란스러워하지 않습니다. 깨어있음은 혼란에 의해 왜곡되는 것이 아니라, 혼란을 비춰 주는 깨끗한 거울입니다.

그 제자는 크게 안심하면서 이 가르침을 이해했습니다. 여전히 직업의 진로를 결정하지 못했지만 그에 더해진 '혼란'은 사라졌습니다.

그가 다음번 수행 때 다시 혼란스러워지면 지금의 명료함을 기억하게 될까요? 불행히도 우리들 대부분은 까마득히 잊어버립니다. 대신 마음은 다시 '나'는 혼란스럽다고 주장합니다. 우리가 그 혼란과 일체화하면 할수록, 그 혼란이 갖는 힘은 커집니다. "나의 미래에 대한 이 결정은 나를 혼란스럽게 만듭니다."라고 생각합니다. 혼란과 일체화할 때 우리는 '나', '나의 자아'라는 느낌을 강화합니다. 우리의 몸과 마음은 곤혹스럽고 힘든 '나'라는 느낌을 증폭시킵니다. 아마도 이것은 스스로를 무력하고 미숙한 수행자로 경험하는 것과 관련이 있을 것입니다.

다시 한 번 우리는 자아 중심화 또는 나 중심주의라는 과정으로 돌아왔습니다. 이 과정은 아무리 반복해도 충분하지 않습니다. 붓다의 가르침에 따르면 나와 나의 것에 대한 집착은 고통의 핵심 원천이기 때문입니다. 보편적인 인간이 대개 그렇듯이 우리는 자신에게 일어나는 것들과 일체화하는 경향이 있어서 이런 과정이 어떻게 일어나는지를 알고 있습니다. 좌선을 할 때 행복과 절망 사이의 모든 감정 스펙트럼을 거칠게 흔들리면서 경험하지만 우리는 그 감정과 일체화합니다. 우리는 최고의 과학자라는 자신의 이미지에서 부족한 부모라는 이미지까지 자신의 이미지와 일체화합니다.

나에게 명상 수행에서 말하는 궁극적인 금욕은 '나' 또는 '나의 것'으로서 모든 것과 일체화하는 습성에서 완전히 단절되는 것입니다. 나의 가족, 수행자로서 나의 정체성, 정의에 대한 나의 분노와 열정, 나의 채소밭. 모든 것이 그렇게 '나의 것'입니다. 종교에서 전형적으로 금욕이 의미하는 바는 성, 돈, 식탐, 그리고 소유물을 포기하는 것입니다. 그러나 여기서 그치는 게 아니라 자기중심적으로 살아가려는 습성을 줄이는 게 중요합니다. 사원에서 하루에 한 끼만을 먹으면서도 철저하게 자기중심적으로 살 수 있고 우아한 집에서 엄청나게 많은 것을 소유하면서도 자유롭게 살 수 있습니다.

한국에서 참선 수행을 하면서 실제로 이런 경우를 본 적이 있습니다. 우아하게 차려입은 아주 성공한 변호사가 가족과 함께 사원을 찾아오곤 했습니다. 그가 스님들에게 절을 하면, 스님들도 그에게 절을 했습니다. 행복하고 온정 어린 태도로 늘 깨어있는 그분의 모습에는 참선 수행 마스터의 기품이 있었고, 모든 스님들이 그분을 인정하고 존경했습니다.

당신은 우리가 직면하고 있는 문제가 무엇인지를 이해해야만 합니다. 자아를 소중히 여기는 것은 멋진 일이고 아주 미묘한 것입니다. 자신보다 더 예리하게 자신을 보는 사람은 없습니다. 지구상에는 거의 70억 '자아'가 있습니다. 태어날 아기까지 생각하면 더 많습니다. 이것이 이 행성을 있는 그대로 보아야 하는 이유입니다. 우리가 아직 여기 정말로 존재하고 있다는 것은 감탄스러울 정도로 놀랄 만한 일입니다.

· 자신에 맞게 활용 ·

몸과 마음의 전 과정의 바탕을 이루고 있는 무상, 고, 무아의 여여함을
보는 것은 삶을 있는 그대로 보게 해 줍니다. 그리고 자신을 있는 그대
로 만날 수 있게 해 줍니다. 당신의 삶에서 한순간 만나게 되는 것이 무
엇이든 간에 그 모든 것에 완전히 집중하게 되면 이런 생생한 경험은 깊
이를 더할 것입니다.

앉아서 숨 쉬고 알아차리는 것, 그때 나타나는 것을 즐기십시오. 처음
에는 잘 안 될지도 모릅니다. 오고 가는 것, 떠오르고 지나가 버리는 것,
나타나고 사라지는 것을 보십시오. 그것은 모두 우리가 만들어 낸 것입
니다.

그러나 호흡에만 매달리는 사람이 되지 마십시오! 그것은 초점을 벗
어나는 것입니다. 중요한 것은 수행이 진전됨에 따라 집중해서 보고 깨
어있는 것입니다. 이렇게 하는 것이 자연스럽고 편안한 일이 되어야 합
니다. 수행을 하고 싶지 않은 마음, 오늘 하루는 쉴까 하는 마음의 상태
까지도 알아차립니다. 그런 생각이 드는 것은 문제가 되지 않습니다. 한
순간에는 명상에 사로잡혀서 태국으로 가서 비구나 비구니가 되고자 할
지도 모릅니다. 10분 후 초조함이 거세게 몰아치면서 당신은 생각합니
다. "아시아를 잊어버려. 이런 생각에서 벗어나야지. 피자나 시키자."

수행을 해 본 분들은 수행을 향한 이런 흔들리는 감정을 알고 있습니
다. 이런 감정들은 사라지지 않습니다. 변화하는 것은 이런 감정들을 당

신이 어떻게 다루고 있느냐입니다. 깨어있음이 진전됨에 따라 수행에 헌신하는 마음 못지않게 싫어하는 마음도 환영하게 됩니다. 어떤 여자 수행자가 최근 수행이 산만해져서 잘 안 된다고 하면서 나에게 말하기를, 이럴 때는 마치 자신이 똥이 된 것처럼 느껴진다고 불평했습니다. 그래서 나는 말했습니다. "똥이 뭐 잘못되었나요?"

마음에서 일어나는 어떤 것과도 싸우지 마십시오. 그러나 만약 싸우게 된다면 그것은 수행을 위한 완벽한 재료입니다. 수행이 빨리 이루어지기를 바라는 마음, 완벽히 해내려는 마음이 내 안에서 어떻게 싸우고 있는지를 들여다보십시오.

첫 번째 단계인 온몸 호흡 알아차림과 두 번째 단계인 호흡에 닻 내리기 사이에 더 이상 구분할 필요가 없는 때가 올 것입니다. 많은 위대한 스승들은 사마타(집중된 평온함)와 위빠사나(지혜의 통찰)의 구별을 인위적인 것으로 보았습니다. 물론 구별이 필요할 때도 있습니다. 혜능 선사는 『육조단경』에서 다음과 같이 말했습니다. "사마타와 위빠사나는 등과 등불의 관계와 같습니다. 등이 있으면 등불이 있습니다. 등이 없으면 어둠만이 있습니다. 등은 빛의 몸이고, 빛은 등의 작용입니다. 이름은 둘이지만, 본질적으로 하나이고 같은 것입니다."

호흡을 통한 완전한 깨어있기 수행에서 각 단계의 깊은 유연성을 보여 준 한 수행자의 이야기로 이 장을 맺고자 합니다. 슬프게도 이 수행자는 후두암이 상당한 정도로 진전되어 있었습니다. 그녀는 자연스럽게 호흡이 갖는 무상함에 관심을 보였습니다. 나는 그녀의 몸 상태에 맞게 호흡 수행법을 다듬어서 지도했습니다. 그리하여 그녀의 모든 초점은 들숨 날숨의 변덕스럽고 불안정한 길이와 성질에 맞추어졌습니다. 다른 말로 하면 1단계 온몸 호흡 알아차림은 흔히 사마타 수행으로 사용되지만, 통찰 또는 지혜의 수행인 위빠사나 수행이 될 수 있다는 것입니다. 모든 것이 무상하다는 통찰은 위빠사나의 정수로 단순히 들숨과 날숨이 작동하는 것을 보는 것만으로도 그녀에게는 법으로 들어가는 문이 되었습니다.

죽음에 가까워지고, 무상함을 보는 수행이 안정화되었기 때문에, 나는 그녀에게 아주 힘들 수 있는 『죽음에 대한 마음챙김 경(Maranassati Sutta)』에 기반을 둔 수행에 들어갈 것을 권유했습니다. 첫 순간의 극심한 공포가 지나자 그녀는 자신의 죽음이 말 그대로 직전에 와 있다는 것을 성찰하면서 호흡을 관찰할 수 있었습니다. 날숨 다음에 들숨이 없으면 그녀는 살 수 없을 것입니다. 집중 수행 덕분으로 그녀는 죽기 전에 지혜와 평화를 성취했습니다. 나는 이전에도 그리고 이후에도 누군가와 이런 식으로 수행해 본 적은 없습니다. 지혜와 자비로서 어떻게 살고, 어떻게 죽을 것인지를 배우는 데 깊은 흥미를 가지며 집중하는 마음을 계발하기 위해서였습니다.

결국 보는 '나'는 없습니다. 단지 바라봄만이 있을 뿐입니다. 바라봄이 갖는 에너지는 내 앞에 무엇이 있든 그것이 갖는 업습(業習)을 태우는 불꽃과 같습니다.

질문 1   명상을 하면 왜 더 불안해지는가

수행 센터에 들어올 때에는 아주 편안한데 방석에 앉으면 호흡이 불안정해지고 불안의 파도를 느끼기 시작합니다.

대답   호흡을 특별한 양식이나 리듬에 맞추려고 해서는 안 됩니다. 호흡은 단순히 있는 그대로의 현상입니다. 지금 호흡을 하나의 닻으로 사용해 불안과 같은 마음의 상태를 보는 것입니다. 대부분의 사람들은 호흡을 마음의 평안과 집중의 도구로만 생각하지만, 당신은 지금 호흡의 도움으로 일어나는 모든 것에 집중하는 법을 배우고 있습니다. 붓다는 호흡 알아차림이 마음을 조용하게 할 뿐만 아니라, 깊은 통찰을 하는 데 도움이 된다고 가르쳤습니다. 왜냐하면 호흡은 항상 당신과 함께하고 수행의 모든 단계에서 동반되기 때문입니다. 호흡은 삶에 문을 열어 주고 그리고 당신이 만나는 모든 것에 어떻게 반응하는가를 보게 해 줍니다.

질문 2   주의 집중과 마음챙김의 차이

주의 집중을 하는 것과 마음챙김을 더 폭넓게 수행하는 것이 어떻게 다른지 잘 모르겠습니다.

대답   고대 인도에 어떤 왕이 있었습니다. 세속적으로 모범적이었을 뿐만 아니라, 뛰어난 수행자이기도 했습니다. 이렇게 상반된 모습을 다 지니고 있다는 것이 흔치 않은 일이었기 때문에, 어떤 사람이 찾아와서 같이 수행할 것을 청했습니다. 왕은 동의했습니다. 그러고는 그 사람에게 뜨거운 기름 항아리를 머리에 이고 한 방울도 흘리지 말고 왕궁의 모든 방을 다니도록 했습니다.

그 사람은 임무를 잘 완수했고 그것을 왕에게 보고했습니다. "훌륭합니다. 이제 왕궁에서 무슨 일이 일어났는지 말해 보시오. 정치적 일들, 쿠데타 음모, 성적 문란, 암살 기도?" 그 제자는 한 방울의 기름도 흘리지 않는 것에 집중했기에 주위에서 그런 일들이 일어나는 것을 보지 못했다고 말했습니다. 그러자 위대한 왕은 말했습니다. "이제 머리에 기름 항아리를 이고 왕궁을 다니면서, 한 방울도 흘리지 말고 주변에서 무엇이 일어났는지 살펴서 나중에 말하도록 하시오."

주의 집중과 마음챙김도 이와 같습니다. 콧구멍처럼 몸의 특정 부위에 전적으로 집중하게 되면, 몸과 호흡에 완전히 몰입해서 바깥에 차 지나가는 소리도 들리지 않습니다. 가장 깊은 몰입 상태를 쟈나(jhāna, 선정)라고 부릅니다. 어떤 수행법에서는 선정을 여러 단계로 나누어서 기쁨, 평화, 지복을 포함시키기도 합니다. 깊은 선정에 들수록, 마음이 산만해지지 않는 시간은 더 길어집니다. 마음은 더 명징해지고, 안정되고, 그리고 강해집니다. 그러나 이런 몰입 상태에서는 마음을 산만하게 하는 고통이 일시적으로 사라질 뿐입니다. 일단 선정에서 '나오면', 거기에는 여전히 고통이 기다리고 있습니다.

이것은 여기에서 강조하고자 하는 방향은 아닙니다. 우리는 지혜 명상인 위빠사나를 향하고 있습니다. 지혜는 더 넓은 삶의 경험에 관여하며, 고통의 뿌리를 어떻게 제거할 수 있을까를 이해할 수 있게 합니다. 물론 마음의 평온함은 필수적입니다. 그러나 집중 수행과 같은 정도의 몰입 상태가 필요한 것은 아닙니다.

질문 3 **호흡을 통해 안정된 마음으로 모든 것이 일어나는 것을 보는 것인가**
호흡을 이용해 아주 높은 수준으로 마음이 안정되면, 모든 것이 일어나는 것을 볼 수 있나요?

대답 불안을 예로 들어 봅시다. 방석에 앉은 순간 갑자기 호흡이 즐겁지 않고, 심지어 호흡을 찾을 수도 없게 될 때도 있습니다. 호흡 감각을 잡으려고 싸우지 마십시오. 첫 번째 단계와 두 번째 단계 모두 호흡에 집중하지만 둘 사이에 차이는 있습니다. 첫 번째는 호흡 자체에 집중하는 것이고, 두 번째는 그 순간에 생생하게 일어나는 불안에 초점을 맞추면서 호흡을 알아차리는 것입니다. 호흡에 전혀 접근하지 못하는 순간도 있지만 문제가 되지 않습니다. 또다시 호흡은 깨어있기의 영역 안으로 들어올 것입니다.

만약 호흡에 집중하지 못하고 바로 불안을 본다면, 깨어있음은 호흡을 닻으로 사용하지 않고도 가능하다는 것을 알 것입니다. 아마도 10분 후 다시 호흡으로 돌아와서 왜 내가 불안해하고 있는지를 탐색하게 될 것입니다.

어떤 선택도 영원할 수 없습니다. 두 단계 수행법으로 하든 다른 수행법으로 하든 결국은 자신의 수행 능력이 어느 정도 되는지, 지금 상황에서 어느 단계의 수행법을 하면 좋을지 스스로 정할 수 있게 됩니다. 얼마든지 당신은 당신에게 딱 맞는 수행법을 현명하게 선택할 수 있습니다.

질문 4 호흡을 통해 마음을 조절하는 것이 가능한가

나는 초조해지면 마음이 폭포수가 된다는 것을 알았습니다. 그러나 화가 나고 불안할 때 단 몇 순간이라도 호흡에 집중을 하면, 몸에 깨어있게 되면서 진짜로 감정이 변하더군요.

대답 그렇습니다. 그것이 원래 의도하던 바입니다. 『깔라마 경』에서 언급했듯이 붓다에게서 빌려오는 것이 아니라, 자신의 경험을 통해서 수행의 유익함을 배우는 것입니다. 현재의 순간에 집중하면 할수록 감정이나 마음 상태에 몸이 휘둘릴 가능성이 더욱 줄어듭니다. 만약에 당신의 마음이 초조함과 불안함에 빠져 있다면 몸이 극도로 힘들겠지만 호흡을 통한 알아차림으로 인해 마음은 놀랍게도 효과적인 지름길을 선택한 것입니다. 그 결과 몸을 분리된 어떤 것으로 보지 않고 몸과 호흡과 마음이 통합된 에너지 장임을 알게 된 것입니다.

앞으로 더 민감하게 감지하게 될 것입니다. 불행히도 대부분의 현대

인들에게는 본연의 인간 몸에 내재하는 크나큰 영적 지성이 막혀 버렸습니다. 몸을 잘못 사용하거나 무시했기 때문입니다. 호흡 알아차림과 호흡에 닻 내리기 수행은 우리가 스스로의 몸에 더 친숙해지도록 도와줄 것입니다. 그리고 이것은 통찰 수행뿐만 아니라, 우리 몸에도 유익합니다.

질문 5 명상하면서 찾아오는 슬픔을 피하고 싶다면

앉아서 명상을 하면 아주 집중되면서, 동시에 슬픔이 파도같이 밀려옵니다. 그러면 나는 이 슬픔을 견딜 수 없어서 밖에 나가고 싶습니다. 슬픔이 곧 지나간다는 것을 알지만 그래도 너무나 슬픔이 싫습니다.

대답 인간이란 슬픈 존재이지요. 그냥 환영하는 마음으로 받아주세요. 순수한 깨어있음 수행에서는 혐오감을 슬픔에 대한 반응으로 봅니다. 슬픔을 제거하기 위해 마음을 관찰하게 되면, 바라봄이 갖는 성질이 훼손됩니다. 혐오감은 번뇌입니다. 그것은 정서적인 괴로움으로 그것을 보지 못하면 깨어있음은 흐려집니다.

여기서 한 가지 언급하고 싶은 것이 있습니다. 어떤 것을 "슬픔이다, 슬픔이다, 슬픔이다"라고 계속해서 이름 붙이면, 그 단어 자체가 강력한 힘을 갖는 도구가 됩니다. 불길에 기름을 붓는 것처럼 이렇게 되면 큰 화재를 일으킬 뿐입니다. 그러므로 그 단어는 집어던져 버리고, 당신이 슬픔이라고 부르는 것의 에너지를 단지 바라보기만 하십시오. 들숨과 날숨을 쉬면서 몸에서 그것을 경험하십시오. 마음에서 보다 더 미묘하게 나타나는 것을 느끼십시오. 그 단어가 나타나면, 마음이 그 상태에 어떻게 단어라는 딱지를 붙이고, 언어적으로 설명하려고 꾸며 대는지를 관찰하십시오. 그 딱지는 오렌지 잼 단지에 붙어 있는 상표처럼 중립적인 것이 아닙니다. 공포, 외로움 또는 슬픔과 같은 단어들은 강하게 판단하는 힘을 갖고 있습니다. 언어를 떠나서 보기만 하십시오. 우리는 이것을 명징한 바라봄이라고 부릅니다. 그것은 보는 것 이외에는 어떤 목적도 없습니다. 보상으로 오는 것도 없습니다. 그 다음에 오는 것은 아무것도 없습니다. 단지 그것일 뿐입니다.

질문 6 ___ 명상을 하면서 죽음, 불안감, 공포가 나타난다면

최근 나는 죽음에 임박한 아버지가 관 속에 이미 누워 계신 꿈을 꾸었습니다. 오늘 명상을 하면서 꿈에서 아버지를 볼 때의 불안감에 다시 휩싸였습니다. 이런 일이 있기 전에는 명상은 평화로웠습니다. 이제는 명상을 할 때 무엇이 나타날지 정말 두렵습니다. 공포를 어떻게 다루어야 하나요? 공포는 계속해서 나타날 텐데요.

대답 ___ 공포 에너지를 관찰하되 동시에 당신의 오랜 친구인 호흡이 당신을 돕기 위해서 항상 바로 그 자리에 있다는 것을 잊지 마십시오. 물론 당신은 항상 평화롭고 행복하기를 원합니다. 당신은 머리 위에 기름 항아리를 이고 조용하게 왕궁을 다닐 수도 있습니다. 그러나 지혜를 얻으려면, 삶이 순간순간 드러내는 것을 충분히 관찰해야만 합니다. 명상은 삶과 같습니다. 때로는 대단히 즐겁고 행복하지만, 그러나 때로는 심한 실망과 공포에 사로잡힙니다. 명상은 단지 이런 것들이 당신 앞에 있다는 것을 보여 줍니다.

공포가 계속해서 나타날 때에는 다른 수행자들과 함께 수행하는 것도 도움이 됩니다. 보통 때에는 하고 싶지 않은 것을 하도록 수행자들끼리 서로 격려해 주고 이끌어 주기 때문입니다. 언젠가는 공포, 걱정, 심지어는 사랑하는 사람의 죽음에 대한 비탄의 감정들까지도 그렇게 나쁜 것은 아니라는 것을 알게 될 것입니다. 그것도 우리 삶의 일부이기 때문입니다.

새롭게 공포를 살펴보십시오. 협조하지 않으려고 하는 마음을 봅니다. 마음은 말합니다. "나는 그것을 견딜 수 없어!" 때로는 공포가 미래를 생각하는 토양에서 식물처럼 자라나는 것을 봅니다. 그러나 여기에 근본적으로 새로운 태도가 있습니다. 즉 공포는 삶의 일부이고, 자연 세계의 일부라는 것입니다. 공포는 기묘하거나 공격적이지 않습니다. 번개, 나무, 지진과 비슷합니다. 붓다의 가르침 중에서 자연과 마음은 하나라는 가르침을 떠올리십시오. 공포를 포함해서 삶의 모든 측면에 관심을 기울일 때, 삶에 깨어있게 되고 삶을 명확하게 보게 됩니다. 그리고 지금껏 갇혀 있던 엄청난 에너지가 뿜어져 나옵니다.

우리는 지금 공포에 직면하는 법을 배우고 있습니다. 이것은 새롭고 도전적인 기술입니다. 우리 대부분은 특정한 마음 상태를 피하려고 하면서 평생을 보내왔습니다. 그러나 제대로 잘 살펴보지 않은 공포나 혐오감을 피하려고 하면서 엄청난 에너지가 낭비됩니다. 그것을 열린 마음으로 받아들일 때, 갇힌 에너지가 풀려납니다. 삶은 더욱더 다양해집니다. 공포에 직면하지 않았기 때문에 당신의 삶이 얼마나 왜곡되었는지 상상해 본 적이 있습니까? 실패를 두려워했기 때문에 얼마나 많은 창조성이 차단되었을까요?

질문 7 ____ **기분이 좋아지도록 호흡을 활용하겠다는 목표는 수행에 해가 되는가**

어려움이 닥쳐올 때 호흡을 사용하면 마음이 편안해집니다. 고통스러운 감정을 조금 편하게 하면서 명상할 수 있게 도와줍니다. 그래서 나는 기분이 좋아지도록 호흡을 활용하자는 목표를 정했습니다. 이것이 나의 수행에 해가 될까요?

대답 ____ 그렇게 생각할 필요 없습니다. 호흡을 잘 쓰고 계십니다. 마음을 편안하게 하고, 고통스런 감정의 계곡을 잘 빠져나올 수 있게 했으니까요. 그것은 유익하고 건강합니다. 잘하고 계시지만, 엄격하게 말하면 그것은 지혜 수행은 아닙니다. 왜냐하면 그 순간에 일어나는 것에 관심을 두지 않아서 완전히 자유로울 수 없기 때문입니다.

집중을 하면 일시적으로 더 평화로워지고, 명징해지고, 행복한 마음 상태가 됩니다. 하지만 문제를 뿌리에서부터 해결하려면 통찰해야 합니다.

호흡으로 돌아가는 것이 즐겁지 않은 감정을 피하기 위한 습관적인 방법은 아닌지 또는 '잔꾀'를 부리는 것은 아닌지를 살펴보아야 합니다. 군사 작전으로 비유하자면 훌륭한 장군은 물러설 때를 압니다. 일반 사병들이 전선에 나가서 효과적으로 싸우기 위해서는 마른 옷, 휴식, 그리고 따뜻한 음식이 필요합니다. 수행자로서 당신은 장군이기도 하고, 일반 사병이기도 하고, 또한 적이기도 합니다! 수행의 방법을 선택하는 것은 기술이지 과학이 아닙니다.

다시 반복해서 말씀드리면, 호흡은 고도의 회피 수단으로 사용될 수도 있습니다. 당신이 거기에 아주 숙련되어 있으면 마치 승강기 단추를 누르는 것과 같습니다. 힘들 때에 그냥 호흡으로 가기 위해서 단추를 바로 눌러 버립니다. 이렇게 되면 당신은 고통을 잘 다루는 것이 아닙니다. 단지 일시적으로 고통을 사라지게 할 뿐입니다. 다시 한 번 반복하겠습니다. 당신이 마음을 편하게 하는 도구로 호흡을 사용하든지 아니면 마음을 관찰하는 데 사용하든지 간에, 호흡 알아차림은 대단한 후원자입니다.

좌선할 때 격렬한 분노의 감정이 올라옵니다. 그럴 때 가장 먼저 무엇을 해야 하나요?

대답   분노가 너무 격렬하고 힘이 들어서 그것을 볼 수조차 없다고 하면, 어떤 사람들은 자애 명상과 같은 해독제를 처방할 것입니다. 또는 호흡으로 다시 돌아가라고 말하는 사람도 있을 것입니다. 그러나 당신도 알다시피 내가 이 두 번째 단계에서 가르치고 있는 수행법은 무엇이 나타나든지 간에 호흡을 닻으로 사용해 그것에 깨어 있게 하는 것입니다.

바라봄의 에너지가 '분노'라고 이름붙인 것의 에너지를 건드리면, 그 분노는 힘을 잃습니다. 분노하거나 공격받은 '나'와 동일시하는 것을 분쇄합니다. 분노와 동일시하는 습관을 끊어야 합니다. '나는 화가 났다'는 것 대신에 일어나는 분노를 보세요. 분노는 외로움이나 행복처럼 자연의 한 요소이고, 인간 본성의 한 요소입니다. 이런 이해를 바탕으로 분노를 보면, 분노 감정이 가지는 독소를 제거할 수 있습니다.

이것이 바로 이 책에서 말하고자 하는 지혜 명상 수행입니다. 직접 보는 것입니다. 당신은 마치 엄청난 폭군처럼 구는 마음의 폭풍 속에서 안정되고 평온하게 마음을 다스리기 위해 호흡을 하나의 닻으로 잘 사용하는 방법을 배우고 있습니다. 때로는 파도에 밀려가거나 바람에 흐트러지는 것에도 준비를 하십시오. 그러나 시간이 지나면서 마음챙김은 어떤 것이 앞에 있어도 그것보다 강한 불꽃처럼 될 것입니다. 이것이야말로 당신이 수행을 통해서 배울 수 있는 기법입니다. 분노에 전적으로 온 힘을 쏟아서 주의 집중하십시오. 분노와 당신 사이에는 아무 분리가 없습니다. 밀어내지 말고 충분히 분노의 감정을 경험하십시오.

그러나 나는 그것을 목적과 수단으로 공식화해서 말하고 싶지 않습니다. 분노를 보면, 분노를 성공적으로 제거할 수 있다고 말할 수밖에 없지만, 사실 이것은 언어일 뿐입니다. 현재 나는 언어를 사용하고 있지만, 실제의 순수한 바라봄 수행에서는 보는 것 이외에는 아무 목적도 없습니다. 바라보는 자체가 힘입니다. 만약에 당신이 주의 집중을 목표로 한다면, 마치 분노의 파괴를 위해 레이저 장치를 설치한 것처럼 한다면, 직접 바로 보는 것이 갖는 힘은 이런 목적으로 인해 약화될 것입니다.

질문 9 ___ 감정에 이름을 붙이지 말라는 것은 무슨 뜻인가

감정이 올라올 때, 몸으로 그 감각과 함께 머물면서, 그 감각에 생각이나 말을 부여하지 말라고 말씀하신 것이죠. 제가 혼동하고 있나요?

대답 ___ 약간은요. '분노' '공포' 등등 이런 단어들을 다 제쳐 놓읍시다. 그 단어가 아니라 에너지를 보십시오. 사람들은 그 에너지가 몸에 위치하는 것에 대해 말합니다. 그러나 실제로 거기에 있지 않습니다. 생각과 감정에도 있습니다. 붓다의 가르침은 항상 몸과 마음의 흐름에 대한 가르침이라는 것을 잊지 마십시오.

질문 10 ___ 상상의 이미지도 관찰 대상에 포함되는가

그래서 당신이 명징하게 바라보는 것을 말할 때, 거기에는 생각, 상상의 이미지 등등도 포함되는 것이군요.

대답 ___ 그 순간에 떠오르는 것이면, 무엇이든지 다 포함됩니다. 내용은 문제가 되지 않습니다. 문제가 되는 것은 거울처럼 보는가 하는 것입니다. 거기에는 몸과 인간 경험의 전 영역이 포함됩니다. 핵심은 생각이나 감정에 에너지를 주지 않고, 거기에 매달리지 않는 것입니다. 매달리면 더 이상 명상을 하는 것이 아닙니다. 생각하거나 분석하고 있는 것입니다. 당신은 습관적으로 분별하고 평가하는 데 매우 익숙합니다. 가장 깊은 통찰에서는 아무 생각이 없습니다. 아무것도 없습니다. 단지 있는 것이라고는 명징하게 바라보는 것뿐입니다. 평화로운 마음은 텅 비어 있을 수도 있고, 몇 가지 생각이 더 있을 수도 있습니다. 고요한 정적만이 변함없이 그대로 있습니다.

호흡도 버립니다

| 3단계: 선택하지 않고 깨어있기 |

모든 것을 내려놓는 것은 즉각적인 깨어있기에서 신뢰할 만한 것이다. 그리고 깨어있기는 실제적인 것이다. 추상적인 것이 아니다. 그것은 내가 가질 수 있는 개념이 아니라서, 즉시 알 수 있는 것도 아니다. 그것은 이 방에 있는 공간과도 같고 공간에서 자리를 잡고 있는 형태와도 같다. … 내가 그것을 받아들이든 받아들이지 않든지 간에, 그것이 좋은 것이든 나쁜 것이든 문제가 되지 않는다. 그것이 여기 있으면 바로 그것이 여기 있는 것이다. 그리고 이것은 깨어있음에 대한 신뢰를 배우는 것이다. 그것은 뽑거나 선택하는 것이 아니다. 그 것은 선택하지 않고 깨어있기이다.

아잔 수메도(Ajahn Sumedho)

이 장에서는 좌선을 할 때 호흡을 더 이상 닻으로 사용하지 않으면서, 그 대신 '순수하고 단순하게 마음에 집중하는 것이 얼마나 중요한지'를 알아볼 것입니다. 이런 명상 수행법은 태국의 재가 명상 스승인 키 나나 욘이 인도한 길이기도 합니다.

그런데 지금까지 호흡에 그렇게 중요한 역할을 부여해 놓고 이제 와서 호흡을 활용하지 않는 이유는 무엇일까요? 호흡을 배제하고 '단지'

자신을 바로 직접 본다는 것은 무엇을 의미할까요?

1장과 2장에서 언급한 것을 간단히 요약해 보겠습니다. 마음을 평온하고 안정되게 만들기 위해서 온몸의 호흡을 알아차립니다. 몸이 호흡 에너지의 흐름과 함께 더 편안해지고, 더 '뿌리를 내리게' 되면 오랜 시간 동안 좌선을 할 수 있게 됩니다. 꾸준히 관찰하게 되면 호흡은 완전히 편안해집니다. 편안해진 호흡은 다시 몸을 편안하게 만들고, 몸은 더욱더 이완됩니다. 당신은 이제 '자리를 잡았습니다.' 신체적으로 보다 더 안정된 상태에서 몸과 마음의 전 과정이 변화하는 전체적인 성질을 관찰하고 점검합니다. 아무 판단이나 분석 없이 마음에 떠오르는 그대로 깨어있습니다. 이렇게 열려 있고 자유로운 주의 집중의 상태에 도달하면 이제 호흡을 닻으로써 사용할 수 있게 됩니다.

집중 수행을 통해서 호흡 알아차림이 유익하다는 것을 경험하고 수년이 흐른 후 나 자신 스스로 마음이 넓어지고, 조용해지고, 비어 있고, 평화롭게 되었다는 것을 거듭거듭 알게 되었습니다. 개념에서 자유로워지고, 미묘한 삶의 에너지에 고도로 충전된 마음은 놀라웠습니다. 나에게는 아주 새로운 경험이었습니다. 계속해서 의도적으로 호흡에 집중하는 것은 더 이상 필요 없고 군더더기같이 보였습니다.

의도적으로 호흡을 놓아 버린 것이 아니었습니다. 더 정확하게 말하면 호흡이 나를 놓아 버렸습니다. 호흡이 말을 할 수 있다면 아마도 이렇게 말했을 것입니다. "네가 원한다면 계속해서 나를 닻으로 사용할 수 있어. 하지만 정말로 그것이 본질적인 것은 아니지 않니?" 마음을 챙기고자 하는 노력이 떨어져 나가자, 무엇을 하고자 하는 것의 자연스러운 귀착점이 아무것도 하지 않는 것이 된 듯 보였습니다. 점차로 나는 이런 사실을 알고 안정화시키는 수행에 들어섰습니다. 그리고 거기에 머물렀고, 그것이 '나'를 움직이도록 허용했습니다.

왜 이렇게 되었을까? 왜 여러분도 이렇게 해야 하는가? 이제 막 호흡 알아차림 수행을 끝냈는데 말입니다. 불교 수행의 정도에서 벗어난 것일까요? 수많은 시행착오 끝에 나는 이것이 이전에 이루었던 모든 것의 자연스러운 완성이라는 것을 알았습니다. 그것은 수많은 스승들을 만나서 가르침을 받고 수년간의 수행에서 물려받은 불법의 독특한 표현이었습니다. 나를 둘러싼 것들과 내 안에서 펼쳐지는 것들을 있는 그대로 보고 그것에서 배우는 것이 내게 필요한 영감의 전부였습니다. 오늘날까지 그것은 진실입니다.

그러나 나의 경험이 수행의 절대적인 궤적은 아닙니다. 명상 수행은 일직선으로 이루어진 길이 아닙니다. 완전한 법 수행으로서 온 힘을 다해 호흡을 통한 완전한 깨어있기에 헌신한 수많은 세월을 생각하면, 깨어있음의 지지대로 활용한 호흡을 버린다는 것은 극단적이고, 아주 의문스럽고, 급진적인 과정입니다.

이것이 나만의 경험은 아니었습니다. 오래전부터 수많은 수행자들이 유사한 결론에 도달했습니다. 물론 각자는 독특한 자신만의 방식으로 이와 같은 결론에 도달했습니다. 교과 과정을 밟은 것이 아니라 자연스런 수행 과정을 통해 도달한 결론입니다.

살아 있는 한 호흡은 항상 함께합니다. 어떤 수행법을 하든 마찬가지입니다. 나의 경우는 오랫동안 특별한 주의를 기울였다는 단순한 이유만으로도 호흡 감각은 아주 생생합니다! 의도적으로 호흡 알아차림을 하기도 합니다. 예를 들면 내가 아파서 누워 있을 때 온몸의 호흡을 알아차립니다. 그러면 치료 과정이 촉진되는 느낌을 받습니다. 또한 다음 장에서 설명하게 되듯이 일상에서 호흡 알아차림을 사용합니다. 이따금 마음이 이상할 정도로 분주할 때 잠깐 호흡을 알아차리면 마음이 평온해지고 그리고 선택하지 않고 깨어있기 수행을 하기 위한 준비 상태가 됩니다.

· 마치 클래식 교향악을 듣듯이 ·

닻으로서의 호흡을 버리고, 유일한 피난처로 마음챙김을 하게 되면, 당신은 진정으로 선택하지 않고 깨어있기 단계로 진입합니다. 바로 이 순간에 머무는 것에는 아무런 제목도 없고 미리 준비된 대상도 없습니다. 순간순간 떠오르는 것은 무엇이든지 중요한 역할을 합니다. 그것이 깨어있기, 몸의 움직임, 소리, 냄새 등 어떤 것이든 아무 상관없습니다. 깨어있는 대상이 되지 못하는 것은 아무것도 없습니다.

또한 본질적으로 아무 판단이 없습니다. 마음이 만나는 것을 잡아내고 선택하는 것도 없고, 인정하거나, 인정하지 않는 것도 없습니다. 어떤 해석, 분석, 설명도 없습니다.

옛 스승들은 이런 상태를 거울 마음(mirror mind)이라고 불렀습니다. 나는 첫 번째 단계에서 거울 이미지를 언급한 적이 있습니다. 그때는 명징하게 바라보기 위해 호흡을 이용했습니다. 선택하지 않고 깨어있기 단계에서는 초점을 맞추어야 하는 대상도 없고, 닻도 필요 없습니다. 일본의 선승 반케이(盤珪)는 너무 형식화된 수행을 자연스럽고 자발적인 것으로 변화시키는 것을 강조하면서 다음과 같이 말했습니다. "거울은 앞에 있는 모든 것을 비춘다. 의도적으로 무엇을 비추려고 하지 않는다. 그러나 거울 앞에 어떤 것이라도 오면 거울은 그 형태와 색깔을 보여 준다. 마찬가지로 거울에 비춰진 대상이 사라지면 거울 역시 무엇을 비추지 않으려고 노력하지 않는다. 물건이 사라지면 거울에서도 사라진다." 다른 말로 하면 거울은 비출 때가 왔다고 해서 그 이미지에 매달리거나 붙잡지 않습니다. 선택하지 않고 깨어있기에서도 이 거울 같은 마음은 간직하고 싶다고 집착하거나, 싫다고 해서 밀어내지 않습니다.

두 번째 단계에서 모든 것에 열린 마음으로 수행했으므로, 좌선을 하면서 삶 그 자체가 보여 주는 것을 받아들이는 것에 익숙할 것입니다. 그러나 지금은 호흡을 닻으로 사용하지 않고 그때 제기했던 "좌선을 할 때 무엇에 집중해야 하지?"라는 것보다 더 도전적이고 매력적인 질문을 해야 합니다.

어떤 질문을 할 것인가에 대한 답은 내가 하는 것이 아닙니다. 나는 어떤 생각도 없습니다. 단지 삶 그 자체가 주제를 설정합니다.

이제 여러분도 삶 자체가 주는 주제를 가지고 명상하는 것을 배워야 합니다. '주제 설정'은 평생에 걸쳐 해야 하는 수행입니다. 만만치 않은 작업임에는 틀림없습니다. 지금까지와 달리 전혀 새로운 기법입니다. 앞에서 익혔던 '허용과 수용의 기술'의 또 다른 차원을 경험하게 될 것입니다. '지금 여기'에서 만나는 모든 것이 우리의 삶입니다. 하나가 사라지고 나면 새로운 것이 나타나고 다시 만나고 그 상황이 반복됩니다. 우리는 지금 여기 이미 있는 것에 깨어있습니다. 왜일까요? 그것이 여기 있기 때문입니다. 삶이 선택하는 것을 허용하십시오. 이제 수행을 위해 일부러 내용을 선택할 필요도 없고, 직접적이거나 간접적으로 호흡에 주의 집중을 해야 할 필요도 없습니다.

종종 수행자들이 무엇에 집중을 해야 하는지 혼란스럽다는 이야기를 할 때, 나는 선택하지 않고 깨어있기는 마치 교향악 오케스트라와 같다고 말합니다. 여러 악기들이 내는 소리가 동시에 울려나옵니다. 그러나 주의해서 조심스럽게 들어 보면 어떤 때는 한 악기의 소리가, 또는 오케스트라의 한 파트가 주도적으로 연주하는 것을 알 수 있습니다. 바이올린이나 첼로의 독주가 나오다가 한순간 모든 악기들이 내는 소리를 다시 듣게 되기도 합니다. 당신은 당신이 듣는 것을 듣습니다. 아름답고 편안한 멜로디일 수도 있고 귀에 거슬리는 즐겁지 않은 소리일 수도 있습니다. 피아노나 드럼을 연주할 수 있는 사람이면, 자연스럽게 그 악기들이 내는 소리에 귀를 기울일 것입니다. 아마도 연주를 들으면서 한두 순간의 짧은 침묵을 잡아내기도 할 것입니다.

때로는 모든 악기들이 내는 조화로운 소리에 집중하기도 하고, 때로는 한 악기에 집중하기도 할 것입니다. 이와 동일한 원리가 선택하지 않고 깨어있기 수행에도 적용됩니다. 핵심은 모든 것이 드러날 때까지 깨어있는 것입니다. 그러면 우리 눈앞에서 벌어지고 있는 것을 모두 즐길 수 있지 않겠습니까?

명징하고 정확하게 바라보는 것은 일종의 기술입니다. 순수한 관찰의 기술입니다. 거울이 정확하게 볼 수 있도록 거울 위의 먼지를 어떻게 닦습니까? 수행의 중요한 부분은 관찰하는 마음속으로 들어가서 보는 것입니다. 붓다의 가르침은 삼독, 즉 탐착, 혐오, 어리석음의 탐진치를 강조하고 있습니다. 이런 탐진치는 우리 모두를 너무도 강한 힘으로 끈질기게 물들이고 있습니다. 선택하지 않고 깨어있기 수행을 하면서 당신은 거울에서 이런 흠을 보고, 그것을 봄으로써 그 힘은 약해집니다. 바라본다는 에너지는 그 바라보는 대상이 가지는 에너지를 약하게 합니다. 탐진치의 힘마저도 약하게 합니다. 우리 모두는 탐진치의 힘을 약하게 하는 힘을 내재적으로 갖고 있습니다. 깨어있기 명상은 그 순간순간 모든 흠을 깨끗하게 닦아 냅니다.

내가 가장 편하게 느끼는 수행이 바로 이 선택하지 않고 깨어있기입니다. 「바히야 경(Bahiya Sutta)」*이라는 특별한 경전에서 붓다는 우리의 이런 수행법에 영감을 불어넣어 주는 가르침을 지속적으로 펴고 있습

---

* 『우다나(Udana 1.10)』.

니다. '나무껍질로 옷을 해 입은' 바히야가 필사적으로 그리고 끈질기게 해탈의 가르침을 청했을 때, 붓다는 다음과 같이 설법했습니다.

> 그러면 바히야야, 그대는 자신을 이렇게 훈련시켜야 한다.
> 보이는 것에 대하여는 오직 '보임'만이 있다.
> 들리는 것에 대하여는 오직 '들림'만이 있다.
> 감촉되는 것에 대하여는 오직 '감촉'만이 있다.
> 인식되는 것에 대하여는 오직 '인식'만이 있다.
> 그러고서 바히야야, 그것들과 관련된 '너'란 없다.
> 그것들과 관련된 '너'가 없을 때, 거기에 '너'라는 것은 아무것도
> 없다.
> 거기에 '너'가 없을 때, 그대는 여기에도 없고 저기에도 없으며 그
> 사이에도 없다.
> 바로 이것이 괴로움의 종식이다.

붓다가 가르친 것은 내 마음이 경험에 아무것도 덧붙이지 않고 있는 그대로 받아들이면, 나는 그 경험을 나라고 간주하지 않게 된다는 것입니다. 경험과 관련을 맺는 '나'는 없습니다. 사실 '나'라는 감각은 있을 수 없습니다. 조건화된 경험의 모든 것은 단지 보고, 듣고, 냄새 맡고, 맛보고, 만지고, 그리고 생각하는 것입니다. 결국 행위하고 감지하는 '나'는 없습니다. 단지 볼 뿐입니다. 전체를 깨어서 알아차릴 뿐입니다. 바

라봄의 에너지는 그 앞에 있는 모든 것의 업습을 태우는 불꽃이 됩니다. 나의 참선 스승인 숭산 스님은 한마디로 정리했습니다. "어떤 것도 짓지 마라!"

· 삶에서 드러나는 고요 ·

선택하지 않고 깨어있기 수행이 진전되면, 마음은 생각을 넘어선 의식 수준까지 열립니다. 그것은 생각과 개념 이전이고, 무한한 깊이를 가집니다. 이제까지 원했던 모든 정적과 내적 평화는 이미 내 안에 있습니다. 우리 모두 가지고 있습니다. 그러나 정적과 내적 평화가 주는 위안과 신뢰는 수행이 진전될 때에만 옵니다. 종종 이런 상태를 표현하기 위해 고요함(silence)이라는 단어를 사용합니다. 그러나 고요함이라는 단어는 오해하기 쉽고 제대로 표현하지 못한 단어입니다. 적절치 않습니다. 왜냐하면 고요함은 단순히 말이 없는 상태만을 표현하기 때문입니다. 또다시 우리는 언어의 한계 속에서 움직이고 있습니다. 선불교는 말합니다. "입을 열면 틀린다!" 이 상황에 딱 맞는 표현입니다. 어쨌든 우리는 언어로 표현할 수밖에 없습니다. 선사들의 엄청난 양의 저작들은 이 점을 증명하고 있습니다.

사람들은 고요함이라는 단어에 제각기 서로 다른 반응을 보입니다. 대개는 신중한 태도를 보입니다. 고요함에 익숙하지 않는 경우 평가절하하기도 합니다. 멍한 상태라고 오해하기도 합니다. 시간 낭비라거나 '실제' 삶과 유리된 것이라고 생각합니다. 현대인들은 계획을 세우고, 실행하고, 획득하도록 성장했습니다. 그렇게 관성적으로 살아가는 것입니다.

부디 삶이 갖는 명상적인 차원을 폄하하는 현대 문화에 속지 마십시오. 고요함은 침묵의 밀도가 충만되어 있고, 미묘하고, 정제된 존재의 한 상태입니다. 의심할 여지없이 고요함은 삶 전체에 가득 차 있습니다. 어떤 사람은 이 광대함에 놀라기도 합니다. 너무 놀란 나머지 고요함이 대체 무엇인지를 이해하려고 애쓰는 마음을 보게 됩니다. 마음은 모든 것을 이해하고자 합니다. 그런 정신적 노력이나 분석은 죽음과 입맞춤 하는 것입니다. 고요함을 죽이는 것입니다. 생각이 어떻게 생각 없음을 이해할 수 있겠습니까? 생각하는 마음은 고요함은 생각이 없는 곳에 있다고 결론짓고, 거기에서 생각은 스스로 생존하려고 발버둥 칩니다.

마음이 자연스럽게 고요함 속으로 들어갈 수 있도록 분석하거나 반응하지 않을 수 있겠습니까? 단순히 고요함에 머물기 바랍니다.

오늘날 대부분의 사람들에게는 TV가 꺼져 있거나, 냉장고가 붕붕거리는 소리를 멈추거나, 집이 조용할 때 고요함이 찾아옵니다. "휴, 드디어 앉아서 커피를 한 잔 할 수 있게 되었군." 저녁 무렵 도시의 한적한 도로나 시골길에서 고요함을 느낄 수도 있습니다. 아무도 말을 하지 않는 수행 센터에서 고요함을 느끼는 것은 분명합니다. 그런데 우리 모두 경험하듯이 정말로 고요한 장소에서조차 마음은 분주하고, 거칠고, 성가심과 공포의 소음으로 가득 차 있습니다.

수행 센터에서조차 내적인 고요함은 천천히 진전합니다. 과학자들은 이런 수준의 고요함은 잠에 떨어져서 꿈 없는 수면 또는 깊은 수면에 도달할 때 일어난다고 합니다. 그때, 그 장소에서는 왜 그렇게 고요할까요? 왜냐하면 소음의 거대한 생산자, 문제 덩어리, '나'가 거기에 없기 때문입니다. 그래서 자고 일어나면 상쾌한 느낌을 갖는 것입니다.

우리 모두 깨어있는 동안 고요함에 들어갈 수 있는 능력이 있습니다. 명상은 우리를 그 깨어있음의 장으로 데려다주기 위해 필요합니다. 아마도 우리는 명상을 본래 가지고 있는 깨어있음을 회복하게 하는 과정이라고 불러야 할 것입니다.

어떻게 살아야 하는가를 배우려면 고요한 마음에 대해 알아야 합니다. 이것이 바로 불교에서 말하는 지혜입니다. 무엇이라고 이름 붙이기가 불가능하지만, 불교의 각 전통들은 이런 상태를 지칭하는 많은 명칭들을 갖고 있습니다. 고요함, 본래면목, 진정한 본성, 불성, 본래의 성성함, 깨달음 등입니다. 완전하게 깨달은 상태를 위대한 고요(great silence)라고 부르기도 합니다. 다시 한 번 말하지만 고요한 마음을 표현하는 데 충분한 단어나 글귀는 없습니다. 나는 종종 '삶에서 드러나는 고요'라고 표현합니다. 단순히 고요한 마음이 수행 센터에만 한정되어 있지 않다는 것을 표현해 주기 때문입니다. 고요한 마음이 수행 센터에서만이 아니라 세상에 드러날 때 제대로 만개될 수 있습니다.

집중 수행도 고요한 마음의 정적에 열려 있도록 합니다. 쟈나와 같은 선정 수행도 내적으로 깊은 상태에 도달하게 합니다. 나도 깊은 몰입 수행을 통해 비범할 정도의 평화와 기쁨을 얻었고, 선정이 명상적인 삶에 대단히 유익하다는 것을 압니다. 집중 명상에 특별히 재능을 타고난 수행자도 있습니다. 그리고 이런 수행은 스승과 제자에게 동일하게 적용됩니다.

이 장에서는 집중 명상을 권장하지 않습니다. 선택하지 않고 깨어있기 수행은 한정된 대상에 몰입하여 마음의 정적을 계발하는 것이 아닙니다. 이런 한정된 몰입 상태에서 마음은 자신의 고요함에만 완전히 몰입됩니다. 마음이 만든 것을 사라지게 하지만, 일시적일 뿐입니다. 그러나 삶에서 드러나는 고요는 수행 센터에서 수행을 하든 일상의 삶을 살아가든 생생하게 살아가는 모든 삶에서 자연스럽게 드러납니다.

내가 고요함과 삶에서 드러나는 고요라고 부른 아주 정제되고, 생생한 삶을 경험하게 되면, 당신은 그것을 사랑하게 될 것입니다. 심지어는 대단한 열정을 보일 것입니다. 선택하지 않고 깨어있기 수행을 할 때, 늘 바로 그 생생한 고요 속에서 살아갈 수 있습니다.

· 서서히 '나'라는 자아가 떨어져 나가다 ·

내가 말한 깊은 고요함은 이 책을 읽는 이 순간, 이 장소에 바로 있습니다. 고요함은 인간의 마음에 깊게 살아 있습니다. 놀랄 정도로 수줍음을 타서 우리가 원하면 달아납니다. 우리 마음대로 생각할 수 없습니다. 우리 마음대로 느낄 수 없습니다. 고요함에 명령을 하거나 요구하거나 도달하기 위해 계획을 잡을 수도 없습니다. 그러나 깊은 고요함을 사랑하고 그것에 열려 있으면, 그것은 우아해지고 대단히 치료적이고 도움이 됩니다. 노력한다고 얻어지지 않습니다. 좌절감과 실망감만 얻을 뿐입니다.

고요함은 우리의 가슴 속에 숨어 있습니다. 나오란다고 대뜸 나타나지도 않습니다. 수행을 하면서 고요함에 순종하는 방법을 배웁니다. 그리하여 고요함은 단지 고요함일 뿐입니다. 어떤 단계에 도달하거나 고통을 줄이기 위해서 고요함을 사용하지 않습니다. 그러나 이 고요함이 활성화되면 대단한 치유가 일어납니다. 나는 이런 고요함에 오래 머물고 난 다음 다른 사람에게 더 친절해지는 나를 보았습니다. 이것은 내가 의도한 것이 아닙니다. 그것은 자연스러운 선물입니다.

이미 고요함이 거기에 있다는 것조차 모르는 선입견을 솔로 닦아 내듯 말끔히 정리함으로써 고요함에 도달합니다. 고요함은 우리의 본성에 내재된 것입니다. 생각이 오고 가는 것을, 감정이 오고 가는 것을 관찰하는 기술을 계속해서 수행하면 마음의 내용은 텅 비어 버립니다. 본래 고요함이 드러나게 됩니다.

모든 생각, 좋아함과 싫어함, 나라고 생각한 모든 것들이 떨어져 나가면 1~2분만이라고 해도, 당신은 이미 고요함이 자신의 내면 가운데 있었다는 것을 알게 됩니다. 어떤 경우에는 이런 깨어있음이 수 분 이상 지속되기도 합니다. 때로는 당신의 집이 될 수도 있습니다. 당신은 그것이 광활하고 고요하고 전체라는 것을 보게 됩니다. 위나 아래, 밖에 있는 것이 아니라, 당신이 '그것'이라는 것을 봅니다.

고요함 또는 삶에서 드러나는 고요는 개척되지 않은 위대한 원천입니다. 그것 없이는 온전한 삶이 드러나지 않습니다. 그러나 지속적으로 수행하면 고요의 샘에서 명징한 깨어있음이 끊임없이 솟아납니다. 바라봄이 더 명징해지고 고요해질 때, '나'라고 하는 에고가 사라지기 때문입니다. 중국의 위대한 시인인 이백은 이것을 아름답게 표현했습니다.

새들은 하늘 아래로 사라지고
외로운 구름 홀로 한가로이 떠간다.

아무리 보아도 싫지 않은
경정산을 바라볼 뿐.*

衆鳥高飛盡 孤雲獨去閑
相看兩不厭 只有敬亭山

이백이 일어나서 산을 떠나지 않았습니다. 그의 자아의식이 그를 떠

---

* 이백, 샘 해밀턴 역, 「홀로 경정산에 앉아」 『황하강을 건너며: 중국 시선 300』 (로체스터, 2000).

나 버렸습니다! 그가 표현한 것은 생각, 사고, 감정, 이미지를 만들기를 그만둔 마음입니다. 그는 더 이상 이렇게 말하지 않습니다. "저 대단한 풍경을 봐라. 나는 여기 있어 행복하다. 이 풍경을 보고 시를 쓴다. 이 시는 영원히 기억될 것이다. 아마도 명시로 남을 것이다."

습관적으로 이루어진 마음의 활동은 어디에도 없습니다. 그의 시가 함축하는 것은 자아를 소중히 하는 마음은 떨어져 나가고, 남은 것은 단지 명징한 바라봄, 그것입니다.

질문 1   삶에서 드러나는 고요와 선택하지 않고 깨어있는 것의 차이

나는 여전히 당신이 말한 '삶에서 드러나는 고요'나 '선택하지 않고 깨어있는 것'이 무엇을 뜻하는지 잘 모르겠습니다.

대답   훌륭한 선의 스승이고 차의 달인인 아오야마(靑山) 선사가 미국을 방문했을 때 스님과 몇 시간 같이 보낸 적이 있는데, 그녀가 나에게 들려준 이야기를 들려 드리겠습니다. 일본에서 아오야마가 젊은 수행승이었을 때, 그 사원의 주지는 이렇게 말했다고 합니다. "수행승의 입은 항상 아궁이와 같아야 합니다." 그때 아오야마는 그 말을 사원에서 주는 대로 먹어야 한다는 전통적인 가르침으로 이해했습니다. 아무것도 가리지 않고 먹게 되면, 입은 들어오는 대로 모든 것을 태워 버리는 아궁이와 같을 수 있습니다. 아궁이로 들어오는 것이 아주 질이 좋은 목재이거나 가시덤불이거나 상관없습니다.

얼마 지나지 않아서 아오야마는 주지의 가르침에 더 깊은 의미가 담겨 있다는 것을 알았습니다. '입'은 한 사람의 인생을 뜻하는 것이었습니다. 아오야마는 모든 대상에 깨어있기 수행을 제자들에게 가르쳤습니다. 그렇습니다. 아궁이는 들어오는 모든 것을 태웁니다. 그러고는 열과 에너지를 생산해 냅니다. 우리는 그 열로 요리를 하고 몸을 따뜻하게 합니다. 달리 말하자면 아궁이는 어떤 나무가 들어오든 그것을 유익한 요소로 만듭니다.

앞서 설명한 것처럼 깨어있음은 단순히 하나의 단어가 아닙니다. 그것은 아주 극도로 정제된 바라봄의 에너지가 가진 본질을 언어로 표현한 것입니다. 무게도 없고 색도 없습니다. 잡을 수도 없습니다. 관찰하는 마음이 강해질수록 마음은 아궁이와 같아집니다. 바라봄의 에너지가 당신이 공포 또는 외로움이라고 딱지를 붙인 그 에너지에 닿으면 아름다운 연금술이 일어납니다.

위빠사나 명상은 무엇이 나타나든 판단하거나 좋다 싫다는 생각 없이 받아들이는 능력을 키워 나가는 수행입니다. 지금 이대로 있는 그대로 여여합니다. 그러므로 버릴 것도 없고 취할 것도 없습니다. 당신은 아궁이로 들어오는 모든 나무를 자연스럽게 받아들이는 법을 배울 것입니다. 이 순간에 일어나는 것과 완전히 같이 있게 되면, 해탈을 향한 변화가 일어납니다. 그것이 법(다르마)의 수행입니다. 선택하지 않고 깨어있기가 작동하는 것입니다.

이제 삶에서 드러나는 고요라는 용어로 돌아가 봅시다. 나는 이 용어를 어떻게 해야 마음이 잔잔하고 명징하게 되는지를 서술하기 위해 사용했습니다. 달리 말하자면 깨어있음을 열어 가는 것입니다. 일상생활에서 만나는 언어적 신체적 활동 속에서도 일어납니다. 다만 알아차리지 못할 뿐입니다.

질문 2   위대한 고요함을 경험하려면

명상에 입문한 지 좀 되었는데도 당신이 말한 위대한 고요함을 경험하지 못했습니다. 무엇을 어떻게 해야 할까요?

대답　　고요함은커녕 비슷한 것도 경험하지 못하게 되면 실망스럽고 절망스러울 것입니다. 스승은 새로운 이론을 제공하고, 당신은 또 거기에 매달리고 노력할 것입니다. 결론적으로 스승들이 새로운 형태의 고통을 당신에게 준 셈입니다! 그렇게 되면 잘못된 길로 들어서게 됩니다. 펼쳐진 삶 속에서 깨어있고 현존하는 것이 낫습니다. 그러면 실망하지 않을 것입니다.

단순히 현재 이 순간에 귀를 기울이십시오. 단지 그뿐입니다. '무슨 생각이 일어나는지 꼭 봐야겠어.'가 아니라 현재 일어나고 있는 것을 단순히 보기만 하십시오. 순간마다 삶을 경험하게 되면 언젠가는 고요함 속에 있는 자신을 발견하게 되는 날이 올 것입니다.

명징한 바라봄은 자연스러운 역동성을 가동시킵니다. 그것은 머리로 헤아리지 않아도 스스로 알아지는 행위에서 드러나는 '자기 앎'입니다. 만약 당신이 영적인 추구나 의심으로 고통받고 있다면 단지 그것을 바라보면 됩니다. 지금 이 순간에도 일어나고 있습니다.

질문 3　　명상에서 '자기 앎'은 철학에서 말하는 '자기 지식'인가

당신은 '자기 앎'(self-knowing)에 대해 많이 이야기합니다. 이것은 소크라테스와 같은 철학자들이 말하는 자기 지식(self-knowledge)의

덕목과 유사한 것입니까? 아니면 불교 용어입니까?

대답___ 자기 지식은 종종 통찰과 정보의 축적을 의미합니다. 그러나 자기 앎에서는 자료를 모으거나 자신에 대해 책(당신의 성장과 통찰에 대한 자서전)을 쓰라는 것은 아닙니다. 그와는 반대로 자기 앎은 지금 이 순간에만 유효합니다. 명징하게 바라봄에서 자기 앎이 나옵니다. 그 과정이 더욱더 정제되면 보는 것과 아는 것을 구별할 수 없습니다. 자기 앎은 지혜와 자유로 들어가는 문입니다. 다음에 더 잘 보겠다고 쌓아 놓아도 소용없습니다. 유효기간이 지났으니까요. 그냥 듣고, 앉 거나 걷고, 알 뿐입니다! 자기 앎은 활동하는 그 순간에 일어납니다. 그것이 바로 자기 앎이 가지는 가치입니다. 그뿐입니다.

질문 4___ 그렇다면 지적인 사고는 필요 없는가

고요함 또는 선택하지 않고 깨어있기에 도달하고도 여전히 지적인 사고를 하나요?

대답___ 좋은 질문입니다. 다소 간접적으로 답하겠습니다. 수행자들 은 수 세기에 걸쳐서 뇌의 유연성에 대해 알고 있었습니다. 뇌세포가 평생에 걸쳐 계속해서 성장한다는 것입니다. 마음에는 한계가 없다 는 것도 알았습니다. 그리고 흔히 우리가 '삶'이라고 알고 있는 개념 이 오히려 더 제한적이라고 생각했습니다. 이제 뇌과학은 과학적 검 증을 통해 이러한 것들을 받아들이고 있고, 뇌의 아주 일부만 사용하고 있다는 것을 밝혀내고 있습니다.

생각에서 길을 잃지 않은 명징한 마음은 여전히 낡은 세상을 바라보지만 이전의 낡은 눈으로 보지 않습니다. 나의 깊은 통찰 중 하나가 노란 택시를 바라보았을 때 일어났습니다. 나의 마음은 아주 조용했습니다. 순간 눈물이 났습니다. 갑자기 왜 우리가 노란 택시라고 부르는지 알았습니다. 왜냐하면 그것이 노랗기 때문입니다. 그것은 정말 노랗습니다. 나의 심장은 기쁨으로 활짝 열렸습니다.

명상은 우리에게 새로운 삶의 차원을 보여 줍니다. 그럼 이렇게 질문할 것입니다. 그 지점에서 살 수 있나요? 생각 이전의 그 고요함은 그대로 드러날 수 있나요? 그리고 생각하고 말하고 행동할 때 명상은 당신의 삶에 영향을 미치나요? 대답은 '그렇다'입니다. 그러나 그런 상태에 사는 것을 배우기 위해서는 수행과 기법이 필요합니다.

나는 법문을 준비할 때 침묵의 고요함으로 들어갑니다. 나에게 고요한 침묵은 메모나 연습보다 더 좋은 준비입니다. 숭산 스님에게 받은 훈련법입니다. 스님은 법문을 할 때 절대로 메모를 준비하지 말라고 하셨습니다. 오히려 재즈 연주가처럼 주제를 선택하고 바로 '불 수' 있게 가르침을 받았습니다. 대개는 이렇게 하면 잘 통했습니다. 그러나 항상 잘된 것은 아닙니다. 한번은 사성제에 대해 법문을 했는데 아주 신선했고 자연스러웠습니다. 나중에 보니 사성제 중 하나를 빠뜨렸더군요. 또 한 번은 약 100명 정도 모인 강당에서 사전에 주제를 준비하지 않고 법문을 하고자 했습니다. 제법 긴 시간 가만히 앉아 있었는데 여전히 아무것도 떠오르지 않았습니다. 불안을 제외하고는 말입니다. 그 순간 나는 불안을 보았습니다. 그러고는 불안에 대해 법문을 시작했습니다.

부디 오해하지 마시길 바랍니다. 나는 생각하고, 탐구하고, 분석하고, 디자인하는 마음의 훌륭한 능력을 거부하지 않습니다. 이 능력은 사라지지 않습니다. 그러나 고요한 침묵과 함께 그런 마음의 능력에 변화된 에너지를 채워 넣을 수 있습니다.

고요한 침묵의 무한한 깊이 속에서 언어는 별로 의미가 없습니다. 텅 빔의 자리에서 자연스러운 앎이 즉각적으로 생겨납니다.

질문 5 모른다는 것에 대해 불안하지는 않는가

불교서적에서 보면 환생에 대해 다룬 부분들이 꽤 있습니다. 환생이 가능한 것인지 의문이 들지만 제가 이해할 수 있는 범위가 아니라는 생각이 듭니다. 이처럼 모른다는 것에 대해 불안하거나 두렵지는 않나요?

대답 그렇지는 않아요. 나는 '모르는 마음'은 살아 있어 열려 있는 자리라고 봅니다. 진정으로 그것을 사랑합니다. 여기서 모른다는 것은 단순히 정보의 부족을 말하는 것이 아니라, 오히려 삶이 우리에게 가르쳐 주는 것을 받아들이는 것입니다. 심지어 수천 년 전 일부 붓다의 제자들도 이런 확실치 않음을 공유했습니다. 법의 원리에 일치된 삶을 살아가는 사람들에게 붓다는 아주 합리적으로 두 가지 가능성을 제시했습니다. 즉 환생이 있다면 그들은 좋은 곳에 태어날 것이고, 환생이 없다면 그들은 이승에서 좋은 삶을 살게 되는 것입니다. 개인적으로 나는 붓다의 이 가르침이 아주 편안하게 여겨집니다.

죽음 이후의 삶 체험이 크게 유행했던 적이 있었습니다. 그것을 들으면서 나는 스스로에게 더 절실한 질문을 했습니다. 그렇다면 죽음 이전의 삶은 어떤가? 나는 죽음 이후의 삶을 궁금해하기보다 지금의 삶에 더 큰 관심을 가지는 사람입니다. 나는 삶이 이 자리에 있고 지금 이 순간에 살아야 한다고 생각합니다. 그것뿐입니다. 그래서 그 다음 질문은 '어떻게 살 것인가?'가 됩니다. 나에게는 이것이 우리 스스로에게 답해야만 하는 유일한 질문입니다.

질문 6   자비심을 키우는 방법도 있는가

수행을 하면 할수록 내게 얼마나 도움이 되는지를 경험했습니다. 그러나 나는 주변사람들에게 더 자비로워지는 것을 기대했지만 그렇게 되지 않았습니다. 그래서 나의 질문은 알아차림이 더 큰 자비심으로 이어지는 것은 언제일까 하는 것입니다.

대답   자비심을 계발하는 이 질문에 대해 두 가지 접근법이 있습니다. 하나는 점진적인 연민심이라고 하는 카루나(karuṇā)의 함양입니다. 그것은 불교의 사무량심 중 하나입니다. 그 외 사무량심에 속하는 것은 자애(mettā), 더불어 기뻐함(muditā), 평온심(upekkhā)입니다. 붓다는 이런 자질들을 계발하고 강화하는 행법을 사용했습니다. 현대의 많은 스승들은 이런 방법들을 사용해 수행을 지도합니다. 나도 네 가지 모두를 집중적으로 수행한 적이 있습니다. 그리고 수많은 수행자들처럼 대단히 유익하다는 것을 알았습니다.

두 번째 수행법은 인도의 위대한 철학자이자 수행자인 용수 스님의 가르침에 기반을 두고 있습니다. 용수 스님은 때로는 두 번째 붓다라고 불리기도 합니다. 붓다의 이론에서 직접 나온 것이지만, 수 세기 이후 용수 스님이 더 발전시킨 것입니다. 자비심을 키우고 싶다고 해서 자신에게 딱 맞게끔 빠르게 자비심이 일어나지 않습니다. 당신은 지금 열렬히 자비심을 키우고 싶어 합니다. 이 수행법에서는 테레사 수녀나 마하트마 간디와 같은 이상적인 인물을 추구하는 것이 아니라, 당신이 히틀러나 스탈린같이 되는 그 순간을 관찰합니다. 다른 말로 하면 당신이 매정하고, 가혹하고, 불친절하고, 악의에 가득 차 있고, 심지어 살인할 정도의 분노에 가득 차 있어도 그 순간을 보는 것입니다. 또는 자신의 능력이 자비에 미치지 못해 실망하는 바로 그 순간을 보는 것입니다.

왜냐고요? 자비심은 애쓴다고 얻어지는 성질의 것이 아니기 때문입니다. 자비심이 없다는 것을 관찰하는 데에서 시작해 보십시오. 동료에게 심하게 말을 하고는 자신을 질책하면서 앞으로는 더 친절하고 더 좋은 사람이 되겠다고 맹세할 것입니다. 이렇게 질책하고 맹세하는 대신에 당신이 스스로에게 얼마나 심하게 하는지를 보십시오. 왜냐하면 자신에게 하는 것과 똑같이 다른 사람에게도 심하게 할 가능성이 아주 높기 때문입니다. 이것이 자기 앎이 작동하는 방식입니다. 이런 것이 진전되면 당신은 자비가 바로 그 자리에 있으면서 당신을 기다리고 있다는 것을 알게 될 것입니다. 자비는 함양하고 성장시키는 것이 아닙니다.

앞에서 언급한 첫 번째 방법은 자비 계발 수행이라고 하며, 두 번째는 순수한 관찰 수행이라고 합니다. 그러나 이러한 두 가지 방법이 이것 아니면 저것이라는 식의 서로 배제되는 방법도 아니고, 어느 것이 더 우수한 것도 아닙니다. 이 책에서 그리고 나의 가르침 대부분에서는 직접적인 관찰을 권유하고 거기에서 나오는 가르침을 더 권장합니다. 그러나 나 또한 사무량심을 계발하기 위한 수행이 어떤 수행자에게 더 유익하다고 생각되는 경우에는 자비 계발 수행도 지도합니다.

질문 7   지혜와 자비를 함께 계발할 수 있나

그렇다면 지혜와 자비를 계발하는 것과 선택하지 않고 깨어있기 수행이 연관되어 있나요?

대답   붓다의 가르침을 지혜와 자비의 두 날개로 날아가는 새에 비유하기도 합니다. 지혜와 자비는 하나이자 동일한 것입니다. 그리고 분리될 수 없습니다. 자비 없는 지혜는 참지혜가 아니고, 지혜 없는 자비는 참자비가 아닙니다. 달라이 라마는 지혜 없는 자비를 '어리석은 자비'라는 말로 표현했습니다. 종종 '좋은 사람'이라는 이상적인 선함은 해를 끼치며 후유증을 남깁니다.

당신이 선택하지 않고 깨어있기 또는 삶에서 드러나는 고요에 들어가면 그것은 아주 신비해 보입니다. 그 고요한 침묵 속에는 빛나는 앎만이 있습니다. 내가 망상에 빠져 있고, 수천 년에 걸친 가르침이 수많은 불교도들에게 이런 망상을 지속시켜 왔을지 모르지만, 고요한 침묵 속에서 자라난 이런 순수한 지성은 우리가 자비와 사랑이라고 부르는 것을 포함하고 있습니다.

마지막으로 명상은 자비와 사랑의 용솟음입니다. 당신이 그것을 느끼지 못한다면 당신의 수행은 뭔가 문제가 있습니다. 나는 감상적이고 낭만적인 감정을 말하는 것이 아닙니다. 이 사랑은 진실되고 강력한 에너지입니다. 이 힘은 우주에서 죽음의 힘만큼 강하고 중력의 법칙처럼 보편적입니다. 문화적 조건화는 던져 버리십시오. 당신은 인간의 삶이 무엇인지를 놀랍게도 발견했습니다. 이것이 사람들이 수행에 자신의 삶을 헌신하는 이유입니다.

2부

내 호흡 사용설명서

일상에서의 호흡 명상

부모가 아이를 살피듯이 끊임없이 마음을 살펴라. 어리석음으로부터 마음을 지키고, 마음에게 옳은 것을 가르쳐라. 명상할 기회가 없다고 생각하는 때가 있다면 그것은 옳지 않다. 끊임없이 노력하면서 자신을 알아가야 한다. 이것은 우리가 숨 쉬지 않고 살아갈 수 없는 것과 같다. 어떤 상황에서도 이것은 지속된다. 어떤 행위를 좋아하지 않는다면… 그것을 명상의 대상으로 삼을 수 없다면 당신은 깨어남을 결코 배울 수 없을 것이다.

아잔 차

지금까지 수행 센터에서 걷고, 머물고, 앉고, 누울 때 집중을 하며 깨어 있는 수행법에 대해 이야기했습니다. 그러나 수행 센터에서 보내는 시간은 삶의 아주 일부분에 불과합니다. 결국은 앉은 자리에서 일어나 당신을 기다리고 있는 것들을 만나야 합니다. 그것은 '말 그대로' 수행 센터 이외의 나머지 시간입니다. 아이를 키우고, 수업을 듣고, 여행을 하고, 늦게까지 일합니다. 성공과 실패를 알게 되고, 관계를 맺고 끊습니다. 평소에 건강하다가 갑작스러운 병으로 괴로워하기도 합니다. 지금 여기를 채우고 있는 삶을 떠난 것은 아무것도 없습니다. 정말 아무것도 없습니다.

그렇다면 지금까지 배운 명상이 일상의 삶에서도 도움이 될까? 의식적인 호흡은 어떤 역할을 할까? 순간순간의 법 수행이 일상 속으로 들어가서 꽃을 피울 수 있을까? 여러 의문들이 들 것입니다.

물론 그 답은 "그렇습니다."입니다. 우리가 어디에 있든 깨어있기와 통찰은 진전될 수 있습니다. 버스를 타는 것에서 전화 응대, 인터넷으로 국제회의를 주재하는 중에도 가능합니다. 당신이 어디에 있는가는 문제가 되지 않습니다. 오히려 당신이 여전히 수행을 하려는 마음이 있는가가 더 중요합니다. 그렇다면 왜 수행 센터에 가야 할까? 왜 매일 일부러 시간을 내서 고요하게 앉아 호흡을 알아차리고 선택하지 않고 깨어있기 수행을 해야 할까?

· 요리사의 교훈 ·

수행 센터에서 배운 것이 일상에 어떻게 영향을 미칠 수 있는지에 대해서 내가 경험한 조동종의 가르침을 위빠사나 수행자의 눈으로 보며 설명하겠습니다. 나의 스승 중 한 분인 카타기리(片桐大忍) 선사가 수년 전 나에게 가르쳐 주신 것으로 일본 조동종의 위대한 선사인 도겐(道元) 스님의 '요리사의 교훈'이라고 일컬어지는 일화입니다.

도겐 스님이 젊었을 때 일본에서 배운 것에 만족할 수 없어서 참선을 배우기 위해 중국으로 떠났습니다. 배가 항구에 도착했을 때 도겐 스님은 나이 든 중국 스님 한 분을 보았습니다. 노스님은 일본산 버섯을 사기 위해 항구에 왔던 것입니다. 노스님이 선장과 하는 이야기를 들으면서 도겐 스님은 그가 비범한 사람이라는 것을 알았습니다.

도겐 스님은 그가 텐조, 즉 사원의 주방장이라는 것을 금방 알아챘습니다. 중국의 사원에서 음식 구입과 준비는 대단히 힘든 일이면서 상당히 숙련된 기술이 필요했습니다. 텐조가 원숙한 수행승이라는 것은 분명했습니다. 도겐 스님은 노스님에게 다가가서 물었습니다.

"제가 스님께 식사와 차를 대접해도 될까요? 불법의 미묘한 점들에 대해 서로 이야기해 보시죠."

"아니요. 그럴 시간이 없어요. 일본산 버섯만 사서 얼른 절로 돌아가야 합니다. 곧 있을 축제일을 맞아 스님들을 기쁘게 해 주는 특별한 음식을 준비중이거든요."

실망한 도겐 스님은 말했습니다.

"아, 그러지 마세요. 꼭 그럴 필요는 없잖아요. 잠깐 앉아서 나와 법에 대해 이야기할 수 없을까요?"

그 안에 담긴 뜻을 말하자면, "당신은 나와 법을 나눌 기회가 생겼다. 그래도 절로 돌아가서 요리나 하겠다는 것인가?"라는 것이었습니다.

결국 노스님은 다음과 같이 말하면서 떠나 버렸습니다.

"법을 제대로 이해하지 못했군요. 실마리도 잡지 못했어."

노스님이 도겐 스님에게 말한 것은 이렇습니다. 즉 도겐 스님은 우리 대부분이 흔히 그러듯이 '법(다르마)'이라고 부르는 것과 보통 '일상생활'이라고 부르는 것을 분리해서 생각하고 있다는 점입니다. 도겐 스님이 주방장 스님에게 배운 것은 수행과 생활이 다르지 않고 같다는 것입니다.

이처럼 붓다의 초기 가르침은 수행과 삶은 하나라는 것입니다. 경전에서는 붓다의 간단한 설법이 반복해서 나옵니다. "걷고, 머물고, 앉고, 눕는 행주좌와에서 항상 마음을 깨어있으라." 나도 줄곧 일상의 행위 속에서 수행하는 것에 대해 이야기했습니다. 행주좌와는 너무 진부하다고요? 그것 말고 흥미로운 것이 없냐고요? 그렇습니다! 우리는 행주좌와라는 네 가지 행위 중의 하나로 살거나 또는 한 자세에서 다른 자세로 이동하는 것뿐입니다.

붓다는 삶을 살아가는 동안 항상 깨어있으라고 말합니다. 내가 말하고자 하는 것도 이런 생각의 연장이거나 그 생각을 더 확장하는 것입니다.

역사적으로 붓다의 초기 남녀 제자들은 사원에서 살지 않았습니다. 그들은 방랑했고 집밖에서 살았습니다. 붓다 자신도 대부분 숲에서 보냈습니다. 함께 모여 수행한 것은 붓다 생애 후기였습니다. 이것도 우기 때인 3개월 안거 기간뿐이었습니다. 나머지 기간에는 흩어져서 생활했습니다.

붓다의 가르침이 인도에서 중국에 전파되었을 때 처음 중국인들은 인도식으로 생활하려고 노력했습니다. 그러나 기후와 문화의 차이가 있었습니다. 중국의 어느 황제가 불교 사원을 철폐하고 많은 승려들의 승복을 벗겼지만 선종만은 살아남았습니다. 이런 이유를 설명하는 한 해석에 의하면 중국 사람들이 선종 수행자들에게는 이질감을 느끼지 않아서 살아남았다고 합니다. 선종 스님들은 밭을 갈고, 요리하고, 그리고 청소를 했습니다. 소박하고 실제적인 중국 사람들의 눈에 다른 불교 스님들은 게으르고 무책임해서 다른 사람들의 보살핌을 구한다고 생각되었습니다.

선종 사원 생활의 규율을 만드는 데 지대한 영향을 미친 백장 선사는 "하루 일하지 않으면 하루 먹지 말라."고 일갈했습니다. 당신이 일하기 싫으면, 좋습니다. 그러나 먹지 마십시오. 백장 선사는 죽음에 이르는 나이가 되어서도 일을 멈추지 않았습니다.

선종의 영향으로 중국 스님들은 농사, 요리 등 여러 가지 노동을 했습니다. 시간이 흐르면서 일본의 도겐 스님에게도 영향을 미친 것입니다. 도겐 스님은 요리든 설거지든 자신이 하는 모든 것이 바로 법(다르마)이 될 수 있다는 것을 배운 것입니다. 이런 가르침은 사원의 노동에 한정되지 않습니다. 우리 삶 전체에 대한 것입니다.

· 수행 따로? 일상 따로? ·

여러분들이 수행 센터에 와서 명상을 하는 이유는 괴로움을 겪기 때문입니다. 삶이 만족스럽고 마음이 평온한데 왜 수행 센터를 찾아오겠습니까? 일단 당신이 이런 평화가 있다는 것을 알고, 특히 그것이 얼마나 소중한가를 보기 시작하면, 당신은 수행 센터에서 하는 안거처럼 일정하게 보호를 받는 장소에서 시간을 할애해서 수행할 것입니다. 그리고 이런 특별한 장소를 떠나서 집으로 돌아가게 되면, 종종 수행 문화의 말버릇처럼 다음과 같이 말합니다. "나는 실제 생활로 돌아가는 거야."

나는 이것은 큰 잘못이라고 생각합니다. 우리에게는 단지 하나의 세상이 있습니다. 위빠사나, 티베트 불교, 선불교, 또는 어떤 이름의 불교이든 모든 것에 앞서 단지 삶이 있을 뿐입니다. 그 삶이 여러 다양한 형태로 드러나고 있을 뿐입니다. 이런 다양한 형태들은 훌륭한 사람들이 만든 것입니다. 이것들은 모든 사람들이 불필요한 고통을 겪지 않도록 도와줍니다. 어떤 특정한 것이 유용합니까? 그것이 특별합니까? 그렇습니다. 그러나 그것은 또한 특별하지 않습니다. 그것은 사람들의 이해와 섬세함이 깊어지게끔 도와주는 소중한 수행 방법과 제도들입니다.

동시에 그런 명상이나 안거 수행은 디즈니랜드가 아니라는 것을 기억하십시오. 거기에는 또한 도전이 있습니다. 수행 환경에는 수행자가 해야 하는 일과 수행식의 식사가 있습니다. 그리고 고요하면서도 사람으로 가득 찬 방들이 있습니다. 그러나 마음의 특별한 측면을 계발하는 데 도움이 되는 특별한 방식으로 정리된 세상입니다. 수천 년 동안 수행자들은 안거 수행이나 집중 수행에서 마음의 특별한 측면이 더 잘 계발된다는 것을 알고 있었습니다.

수년 전 일입니다. 나는 매사추세츠의 배리에 있는 통찰명상협회에서 지도를 하기 위해 보통 때보다 조금 일찍 도착했습니다. 나는 안거 수행 참가자들이 몇 시간 일찍 도착하는 이유가 가장 편한 소임을 맡기 위한 것이라는 사실을 알았습니다. 최고로 편한 일은 도서관에서 책 먼지를 터는 일이었습니다. 가장 힘든 일은 설거지였습니다. 그 당시에는 자동세척기가 없던 때였습니다. 나는 이곳의 '안거 전통'에 너무 놀랐습니다. 왜냐하면 한국과 일본의 선불교 사원에서 수행하는 동안 어떤 일이 주어지든 그 일은 대단한 가치가 있는 것으로 배웠기 때문이었습니다.

주어진 소임을 해내는 일은 이 세상에서 살아가는 평범한 사람들이 흔들림 없이 수행하는 데 핵심이라고 믿고 있었기 때문에, 내가 지도하는 안거 수행 동안은 '원칙'을 만들었습니다. 수행자들에게 (의학적 치료를 제외하고는) 어떤 일을 선택할 권리는 주지 않고 무작위로 일을 할당한다는 것입니다. 이런 원칙을 정하자 처음에는 여러 갈등들이 일어났습니다. 한 치과 의사에게 화장실 청소 일이 할당되었습니다. 담당 요원이 이 의사를 나름대로 공을 들여서 설득을 했음에도 불구하고 의사는 완강하게 화장실 청소를 거부했습니다. 결국 그는 나를 찾아왔습니다. 대화를 나누며 설득하려고 노력했지만 그는 솔직하게 그리고 직접적으로 말했습니다.

"보세요, 내가 화장실 청소나 하려고 오랫동안 공부한 게 아닙니다. 나에게는 너무나 모욕적인 일입니다."

일의 의미를 설명하는 대신에 나는 간단하게 말했습니다.

"이것은 우리의 원칙입니다. 원치 않으면 떠나셔도 좋습니다."

"농담하는 거예요? 정말인가요?"

"아니요, 농담이 아닙니다."

나는 그에게 안거 수행이라는 차원을 넘어서서 가치 있는 수행을 진전시켜 가는 것의 의미를 설명했습니다. 결국 그는 내가 허세를 부리는 것이 아니라는 것을 받아들였고 마지못해서라도 일단은 그 일을 하는 것으로 결정했습니다.

결국 이 사건은 성공적으로 마무리되었습니다. 그리고 수행 센터의 작은 전설로 남아 있습니다. 치과 의사는 사나흘 동안 대단히 완강하게 화장실 청소에 저항했습니다. 왜냐하면 그 일을 하는 것이 그에게는 모욕적이었기 때문입니다. 그러나 그는 자신의 고통을 보았고 그것을 간직했습니다. 그는 솟구쳐 오르는 감정을 경험하면서 화장실 청소가 자신의 이미지를 얼마나 손상시키는지를 직접 볼 수 있었습니다. 그 이미지는 스스로가 엄청나게 공을 들여서 쌓아올린 것이었습니다. 안거 수행이 끝날 무렵 그는 즐거운 화장실 청소의 달인이 되었습니다. 텔레비전 광고에 나가도 될 정도였습니다.

이것은 삶의 모든 측면에 스며든 수행의 진전된 힘을 보여 줍니다. 이것은 온화하고, 이완되고, 그리고 지속적인 것입니다. 계속해서 통찰과 깨어있기로 되돌려 줍니다. 혹시 안거 수행을 하시게 되면 싫어하는 일을 맡아서 하시기 바랍니다.

· 가장 밑바닥에는 늘 삶이 있을 뿐 ·

나는 명상 수행의 삶을 아주 깊이 평가합니다. 나는 좌선을 좋아하고 수많은 세월 동안 좌선 수행을 했습니다. 좌선을 하면 마음이 편안해지고 통찰과 자비심이 늘어납니다. 이런 점에서 명상이 주는 선물은 특별합니다. 좌선과 사랑에 빠지면 평온해지면서 평화와 기쁨을 경험합니다. 아직 충분히 맛보지 못했다면 꼭 해 보시기를 바랍니다. 특별한 사람만이 할 수 있는 것은 아닙니다. 그러나 일단 경험하고 나면 거기에 매달리고 그것을 모든 삶의 위에 놓는 경향을 보입니다. 어떤 경우 강박적인 모습을 보이기도 합니다. '수행'의 모든 것이라고 생각합니다.

많은 사람들이 오랜 시간 동안 안거 수행을 하면서 초기 3개월의 안거 기간 동안은 그 시간이 너무나 소중하고 가치 있다는 것을 압니다. 그러나 나머지 9개월은 다음 3개월의 수행을 위해 돈을 버는 시간일 뿐입니다. 계속 이어지는 안거 수행의 완수는 마치 전쟁에서 훈장을 타는 것과 같습니다.

미국이나 아시아에서 수행자들을 위해 마련된 특별한 환경에서 수행하고, 계속 수행을 할 수 없는 환경으로 다시 돌아가야 하는 어느 헌신적인 수행자의 반복적인 패턴이 떠오릅니다. 이런 반복적인 패턴을 보면서 나는 1987년 케임브리지 통찰명상센터를 설립했습니다. 나는 의도적으로 거주 시설이 없는 수행 센터를 세웠습니다. 왜냐하면 수행자들이 이곳에 와서 수행을 하고 가족, 학교, 회사로 돌아가서 삶의 열기 속에서 수행에서 배운 것을 검증하기를 원했기 때문입니다.

최근 나는 아주 놀라운 사실을 알게 되었습니다. 무술 고수들 대부분이 실제로 길에서 공격을 받으면 제대로 대응하지 못하고 패한다고 합니다. 도장 안에서는 고도의 기술을 발휘하지만 그 한정된 공간을 떠나서는 무술이 빛을 발하지 못하는 것입니다. 명상 수행자들도 비슷한 상황에 처해 있습니다.

안거 이후 흔히 일어나는 일들을 살펴봅시다. 아마도 수행하는 동안 당신은 아주 훌륭한 사마디 상태에 도달했을 것입니다. 들숨, 날숨. 마음이 편안해지고 인류를 사랑합니다. 그리고 운전을 하고 집으로 향합니다. 오는 도중 차의 속도는 올라가지만, 당신이 애써 얻은 사마디는 내려갑니다. 주유소에 차를 멈추고 휴대 전화를 확인합니다. 어머니의 주치의로부터 온 예기치 않았던 문자와 이웃 사람의 화난 이메일이 마음의 스크린에 떠오릅니다. 사마디는 사라지고, 사라진 사마디에 당신은 실망합니다. 의심이 생기고, 마감일과 스트레스로 가득 찬 두려운 날들이 앞에 놓이게 됩니다. 이런 상태를 마음챙김하면서 머무를 수 있다면 당신은 수행의 길에 굳건히 서 있는 것입니다. 실망도 삶의 일부가 아니겠습니까? 그러나 이런 마음챙김이 없다면 수행 센터의 명상과 일상 삶에 대해 절망하기 시작할지도 모릅니다.

나의 첫 명상 수행 스승인 지두 크리슈나무르티는 처음부터 삶과 수행을 하나로 보는 것을 강조했습니다. 그는 수행이라는 말 자체를 버렸습니다. 나는 처음부터 이런 토대에서 출발했기 때문에, 집중 수행과 일상적인 삶이 동떨어지지 않았습니다. 그러나 오늘날의 명상 문화는 수행과 삶은 하나라는 믿음에 말로만 동의하지 실제로 이것을 실천에 옮기는 데는 종종 실패하고 있습니다. 나조차도 수행을 지도하는 동안 무심코 이런 이분법을 장려하고 있다는 것을 금방 알게 됩니다. 내가 일상의 삶을 강조하면, 어떤 사람은 이렇게 말합니다.

"나의 수행은 살아 있는 선 스승인 세 살 먹은 내 아이입니다."

"멋지네요. 그런데 좌선을 마지막으로 한 것이 언제인가요?"

"가만있자. 너무 오래 되어서 기억이 안 납니다."

"이런, 당신에게는 살아 있는 스승이 있다는 것을 내가 잊었군요."

다시 말하면 "일상의 삶이 수행이다"라는 개념은 오해받을 상투적인 문구이기도 합니다. 이런 패턴을 바꾸고자 하는 나의 시도는 실패했습니다. 내가 강조하는 바를 좌선 수행으로 옮기면, 제자들의 집중 수행이 전면에 나오고, 일상 삶을 강조하는 것은 뒤로 물러납니다. 내가 다시 일상 삶을 강조하면 집중 수행은 폄하됩니다. 오늘날까지 수행 지도를 하는 나의 최대 과제는 좌선을 훼손하지 않고 일상의 수행 정신을 살리고, 또한 좌선을 일상 삶과 대척되는 위치로 두지 않으면서도 좌선을 장려하는 것입니다. 가장 밑바닥에는 늘 삶이 있을 뿐입니다.

물론 우리 모두는 기질이 다릅니다. 그리고 그 기질은 존중받을 필요가 있습니다. 어떤 사람은 기질적으로 집에서나 수행 센터에서 좌선하는 데 더 몰두합니다. 외향적인 사람들은 좌선보다 일상생활이나 다른 활동에 더 집중할 것입니다. 어떤 사람은 호흡을 더 많이 사용하고 또 다른 사람들은 그렇지 않습니다. 기준은 실용성입니다. 즉 어떤 방법이 더 마음을 내려놓게 하고 고통을 덜 주는가, 또는 다른 사람들에게 더 친절하고 더 섬세하게 반응하는가의 여부입니다. 화장실에 앉아 있든지 또는 산정상의 오두막집에 있든지 현재의 순간에 완전히 있다면, 당신은 수행을 하고 있는 것입니다. 현재 이 순간이라는 것이 어마어마한 의미를 갖고 있습니다. 그것은 고갈되지 않는 무궁무진한 것입니다.

사람들이 나에게 상담을 하러 오면 나는 이렇게 묻습니다. "요즘 수행이 어떻게 되어 가고 있나요?" 대개는 이렇게 대답합니다. "음, 좌선을 자주 하지는 못해요." 그러면 나는 말합니다. "아뇨. 내가 물은 것은 당신의 수행에 대한 것이지, 얼마나 앉아 있는가 하는 것이 아닙니다."

나의 법 수행자들이여, 부디 중요한 것은 앉아 있는 시간이 아니라 얼마나 깨어있는가임을 기억하십시오. 마음이 명료하게 이해하고 모든 것을 놓아 버리는 경지에 도달했나요? 마음이 혐오감을 갖지 않고 해로운 것을 버리고, 집착하지 않고 유익한 것을 키우는 것을 배우고 있나요? 이완되어 있으면서도 계속적으로 마음챙김에 깨어있나요? 주의 집중을 놓칠 때에도 자신에게 너무 가혹하지 않게 할 수 있나요? 잠이 들면 … 깨어나고 … 잠이 들면 … 깨어나고 그뿐입니다.

· 지금을 가장 의미 있게 ·

전 시대와 문화를 통틀어서 대개 인간은 주어진 일이나 활동에 집중하지 못하고 산만해지는 것 때문에 고통을 받습니다. 이런 현상은 특히 우리 시대에 더 지독하게 보입니다. 갈수록 번잡해져 가는 세상에서 당신이 어느 순간 지루해지면 그 지루함에서 벗어나기 위해 심심풀이를 필요로 합니다. 그것은 마치 CNN 뉴스를 보고 있는 것과 같습니다. 나도 종종 그러지만, 그것은 또 다른 고통의 일종입니다. 그 채널에서 메인 뉴스를 보고 있는 동안 오른쪽 위 코너에 군 장성이 나타나서 말을 하면 나는 또 그것을 봅니다. 그 장성에 싫증이 나면 아래 자막에 눈길이 갑니다. 그 자막은 메인 뉴스나 그 장성과는 아무 관련이 없습니다. 아래 자막에 흥미를 느끼는 순간, 바로 광고가 자막을 끊어 버립니다. 그것이 계속해서 반복됩니다.

우리 시대가 요리사의 교훈을 일러준 주방장 스님과 도겐 스님을 필요로 한다는 것이 이상한 일일까요? 우리들은 그들이 절실하게 필요합니다.

이 지점에서 지관(只管)은 기억하고 싶은 좋은 말입니다. 당신은 지관타좌(只管打坐)라는 것에서 이 단어를 기억하고 있을 것입니다. 지관타좌는 좌선의 일종으로 위빠사나 명상에서 하는 것과 비슷합니다. 이것이 뜻하는 바는 '그냥 앉아 있음'입니다. 그것은 바로 '그냥 요리하기'에 대응하는 것입니다. 여기서 '그냥'이라는 단어는 '전적으로'라는 의미를 지닙니다. 그것은 온 마음을 다해서 주의 집중을 한다는 뜻입니다. 당신이 요리를 하면 요리만 하십시오.

'요리사의 교훈'은 지속적인 산만함의 문제를 해결하는 데 도움을 줍니다. 요리사에게 자신의 눈을 돌보듯이 그릇, 냄비 그리고 요리 재료에 신경을 쓰라고 가르칩니다. 이 가르침은 행동 하나하나에 깊은 관계를 맺도록 노력하라는 뜻입니다. 당신의 모든 감각을 총동원해서 자신을 헌신하라는 것입니다. 그것은 요리하는 일일 수도 있고 정원에서 잡초를 뽑는 일일 수도 있습니다. 동료에게 귀 기울이는 일이기도 하고, 어린 아이를 안아 주는 일이기도 합니다. 신발 끈을 매는 일이 될 수도 있습니다. 신발 끈을 묶는 데 특별한 것은 없습니다. 그러나 이런 단순한 행동조차에도 온전한 마음을 들인다는 것은 당신 삶에 대한 존중감을 보여 주는 것입니다.

호흡 알아차림은 일상생활을 하면서 간과하기 쉬운 순간에 충분히 주의 집중을 할 수 있도록 도와주는 하나의 방법입니다. 일상생활을 통해서 수행하게 되면 작고 단순한 활동들을 의미 있는 기회로 변화시킵니다. 이렇게 하면 마음은 집중되고, 평온해지고 그리고 깨어있게 됩니다. 빨간 신호등에 멈춰 서서 약 10초 내지 15초 동안 자동차의 라디오를 트는 대신 그곳에 머무르면서 단지 호흡을 느끼십시오. 식당에 가서도 식사를 하기 전에 접시 위의 음식을 그냥 단순히 알아차리세요. 샌드위치를 보고 호흡을 거기에 맞추고, 샌드위치를 집어서 입에 넣으면서 호흡과 샌드위치를 알아차릴 수 있습니다.

승강기를 기다리면서 호흡을 느끼십시오. 공원에 앉아서 호흡을 알아차리며 자연과 하나가 되어 보세요. 의사를 기다리면서 잡지를 집어 들거나 이메일을 보내는 대신 당신의 차례가 될 때까지 호흡과 함께 머무십시오. 인내는 불교 가르침에서 십바라밀 중 하나입니다. 대기하는 동안 호흡을 이용해 불안을 잠재우거나 또는 인내하지 못함을 바로 보아 인내심 있는 환자가 되도록 하십시오.

최근 나는 배심원 후보 의무를 이행하는 동안 호흡 알아차림을 한 수행자 이야기를 들었습니다. 몇 시간 동안 그녀는 엄격한 법원에서 이 방 저 방으로 왔다 갔다 하지 않을 수 없었습니다. 그녀의 마음 앞에 놓여 있는 것은 멍함, 낡은 나무 의자 때문에 발생하는 신체적 불편함, 이리저리 잡지를 훑어보는 것밖에 없었습니다. 그러나 그녀가 자신 앞에 완벽한 수행거리가 주어졌다는 것을 인식하자 모든 것이 급변했습니다. 그녀는 호흡을 하나의 닻으로 삼아 평온하고 깨어있는 마음으로 전 과정 동안 앉아 있었습니다. 결국 배심원으로 선정되지는 못했지만, 주위 사람들이 안절부절하거나 지루해하는 동안 그녀는 값을 매길 수 없는 통찰을 얻었습니다.

눈을 뜨고 해도 좋고 감은 상태로 호흡을 알아차릴 수 있습니다. 어릴 때부터 '사람 관찰자'(철새 관찰자이기도 했습니다.)이었기 때문에, 나의 경우에는 눈을 뜬 채 의식적으로 호흡을 하는 것이 깨어있는 데 더 낫습니다. 나는 종종 대중교통으로 여행을 하기 때문에 버스나 기차에서 주위 여행자들을 알아차리면서 호흡과 함께합니다. 이렇게 하면 마음이 이완되고, 편해지고 열려 있게 되어서 다른 사람들을 의식하지 않게 됩니다. 주위 환경을 조금 더 명료하게 알아차리는 데 도움이 될 뿐만 아니라, 동시에 내면적 풍경을 활기 있으면서도 평온하게 합니다.

숲 속에 있거나 아름다운 예술품을 감상하면 마음이 편안히 안정되고, 현재의 순간에 머무는 것이 더 쉽습니다. 모네의 풍경화든 파도 소리든 진정한 아름다움은 힘을 가집니다. 복잡한 생각을 흘려보내고 내려놓으면 어디에 있든 마음이 편안하고 고요해집니다. 이를 위한 가장 일상적인 방법은 친구에게 다가가듯이 호흡과 친해지는 것입니다. 그렇게 하면 늘 호흡에 깨어있게 되고, 쓸데없이 에너지를 낭비하는 습관적이고 불필요한 생각을 제거할 수 있습니다.

호흡은 '숙제'가 아닙니다. 설거지를 하는 동안 마음을 챙겨 호흡하는 것을 잊었다고 해서 자신을 질책하거나 당신의 삶에 고통을 더 가하지 마십시오! 사람마다 다르지만 언젠가는 호흡을 알아차리는 기술이 녹아들어 삶의 자연스러운 방식이 될 것입니다. 삶의 마지막 순간까지 모든 일에 집중하고, 섬세한 마음가짐으로 흥미롭게 대하게 될 것입니다. 무엇을 하든 어떤 마음가짐으로 하느냐가 가장 중요합니다.

질문 1   한 가지 일에 매진할 수가 없다면

집과 일터를 오가면서 반복되는 일상의 지루함을 잊기 위해서 자동적으로 라디오를 켜고, 심지어 과속을 하기도 합니다. 이 패턴을 깨고 싶은데 번번이 실패하고 맙니다.

대답   우리 센터에 저녁 명상 시간에 매일 10분씩 지각하는 학생이 있습니다. 그는 급히 들어와서 숨을 헐떡이며 방석으로 달려듭니다. 나중에 먼 거리를 운전하고 와야 해서 과속을 할 수밖에 없다는 것을 알았습니다. 그렇지 않으면 더 늦게 될 테니까요.

과속을 해도 마음은 평화로울 수 있을까? 다시 질문하면, 외부의 속도가 마음에 어떻게 영향을 미치는가를 묻는 것입니다. 나도 전직 카레이서 출신이 최고의 속도로 모는 차를 타면서도 아주 편안한 느낌을 가진 적도 있고, 천천히 가지만 내리고 싶은 마음이 드는 차를 타본 적도 있습니다.

운전이 지루할 때 그 고통을 보십시오. '아, 아니야. 저 주유소는 아니야', '뻔한 저 학교 건널목 안내판 좀 봐!', 혹은 멈춤 신호등이나 차가 막힐 때 올라오는 긴장감을 보십시오. 물론 주로 당신의 운전에 초점을 맞추십시오. 음악을 듣는 것도 좋지만, 가끔은 자신의 반응을 들으십시오. 그렇게 한다면 습관적인 반응들이 약해지기 시작하고 떨어져 나가면서, 새로운 마음챙김의 작용이 일어납니다. 평온하려고 노력하지 마십시오. 단지 긴장과 지루함에 깨어있으세요. 이런 깨어 있음이 결국은 진짜 평온함으로 인도합니다.

이 방법으로 지각하던 학생이 전속력으로 운전을 하는 습관이 바뀌지는 않았지만, 마음은 평화로울 수 있다는 것을 결국은 배웠습니다. 차는 속도를 올리지만 마음은 그렇지 않습니다. 이런 수행을 하기 위해서는 시간과 인내가 필요합니다. 나는 이것을 삶에서 드러나는 고요의 좋은 예라고 생각합니다.

질문 2 ⎯ 힘든 시기를 헤쳐 나가는 데 명상이 도움이 될까

수 주 전 예상치도 않게 12년간 일하던 직장에서 해고되었습니다. 예전에도 비슷한 경험이 있었는데 그때는 그 상황을 원망하고 나 자신을 심하게 자책했습니다. 과거의 방식으로 대응하고 싶지는 않습니다. 이 힘든 시기를 잘 넘어가는 데 명상이 도움이 될까요?

대답 ⎯ 직장을 나오거나 근무시간 단축을 경험하는 수행자들이 갈수록 늘어나고 있습니다. 이런 종류의 상실감에 당혹해 보지 않은 사람은 드물 것입니다. 특히 가족을 부양하고 있는 경우는 더 합니다. 경험 많은 수행자라도 이런 경우를 당하면 온 세상이 맥없이 무너지는 느낌을 받습니다. 그리고 반복되는 무력감을 견디기 어렵습니다. 그러나 결국은 수행으로 훈련된 마음은 재앙을 헤쳐 나갈 해법을 찾아낼 수 있습니다. 불안하거나 혼란스러운 마음으로 가려졌던 선택들이 보입니다. 좌선을 하든 좁은 공장에 있든 결국 해결 가능하다는 것을 잘 알기 때문에 당신은 무력하지 않습니다. 무상함과 변화의 세계에서 지혜와 함께 살아가는 법을 배우고 있습니다. 붓다는 말합니다. "내가 가르치는 모든 것은 고통과 그 고통의 종식에 있다." 붓다는 마음속에 있는 고통에 대해 말합니다. 그것은 피할 수 없는 육체의 소멸, 자연재해, 그리고 인간이 직면하는 비극들입니다. 이런 고통은 정신에서 나옵니다. 당신이 그 차이를 이해하면 적어도 붓다가 말한 마음을 때리는 '두 번째 화살'을 약화시킬 수 있습니다.

마음이 만든 고통과 실제적인 직업 상실의 차이를 구분하지 못한다면 당신은 마음의 슬픔을 피할 수 없습니다. 참담한 기분이 들지만 차이를 구분할 수 있다면, 직업과 수입의 상실과 같은 처참한 상황이 여전히 있어도 무기력해지지 않습니다. 해결법을 찾으려고 절망적으로 매달리지 마십시오. 그것보다 명징한 마음으로 복잡한 상황에 직면하는 것이 훨씬 더 유익하지 않을까요?

질문 3   치료와 명상의 차이

상실에 대처하는 법에 대해 들으면서 내가 오래전부터 품고 있던 명상과 치료에 대한 의문이 떠올랐습니다. 둘 사이에 어떤 차이가 있나요?

대답   아주 중요한 질문을 하셨습니다. 왜냐하면 우리는 정신 치료의 문화에서 살고 있기 때문입니다. 최근 정신 치료와 명상 기법을 통합하는 많은 흐름이 있습니다. 그리고 경험이 풍부한 많은 정신 치료사들이 명상에 몰두하고 있기도 합니다. 필요한 경우에는 수행하면서 정신 치료를 같이 받기를 권유하기도 합니다. 만족스러운 결과를 내기도 합니다. 나도 정신 치료가 더 적절한 경우에는 명상을 잠시 쉬도록 조언하기도 합니다. 견고했던 두 영역의 경계가 허물어지고 있습니다.

질문 4 　일상에서 수행하는 것이 가능한가

나는 선택하지 않고 깨어있기와 일상 수행을 결합하려고 노력하고 있습니다. 하지만 방석 위에 앉아서 명상 수행을 하는 것보다 훨씬 복잡합니다. 왜냐하면 일상의 삶은 수많은 선택과 재밋거리로 나를 집중 공격하기 때문입니다.

대답　나의 개인적 경험을 말하면서 대답하겠습니다. 어느 아름다운 일요일 오후 나는 매사추세츠 케임브리지의 찰스 강을 따라서 걷고 있었습니다. 거위는 강물에 떠 있고 청명하고 파란 하늘과 탁 트인 풀밭 위의 소풍 나온 사람들⋯. 풍광이 정말 좋았습니다. 갑자기 전복된 차가 시야에 들어왔습니다. 그 옆에 사람이 누워 있었습니다. 내가 즐겁게 안주하고 있던 모든 세상은 그 비극적인 장면 안으로 축소되어 빨려 들어갔습니다.

그 장면에 빨려 드는 것은 즉각적이었습니다. 그리고 이것은 그 상황에 대한 자연스러운 반응이었습니다. 선택하지 않고 깨어있기의 모든 순간처럼 삶은 스스로 알아서 할 것을 설정합니다.

이제 하나의 극적인 사건을 일상 수행에 대한 폭넓은 안내로 삼기 위해 일반화시켜 봅시다. 나는 이것을 의문문으로 제시할 것이고, 그 의문은 수년 동안 나와 수많은 수행자들에게 대단한 도움을 주었습니다.

"지금 여기에서 올바른 행동은 무엇입니까?"

종종 삶에서 대답이 너무나 명백한 경우가 있습니다. 교통사고를 보는 상황이 바로 그런 경우입니다. 그러나 그것이 명백하다고 해서 완전히 깨어있게 되나요? 그 행동이 자연스럽게 일어납니까? 아니면 분리됩니까? 당신은 그 순간에 완전히 깨어있습니까? 혹시 그 상황을 친구들에게 어떻게 이야기할 것인가를 상상하고 있지는 않습니까? 수행은 당신과 당신의 행위 사이에 놓여 있는 간격을 줄이는 과정입니다.

어린 자녀가 있으면 매일 껴안을 것입니다. 그러나 당신이 아이를 껴안을 때 마음의 반은 여전히 일터에 있지 않습니까? 그렇다면 껴안는 것에 주의를 집중하고 있지 않는 것입니다. 이것을 마음을 챙겨서 보게 되면 자녀에게 더 완전하게 마음이 돌아갈 것입니다. 이것이 올바른 행동입니다.

수행은 현실에서 떨어져 나온 조각들에서 벗어나도록 당신을 인도합니다. 운전이라고요? 좋습니다. 운전하십시오! 문자를 합니까? 좋습니다. 문자를 하십시오! 모든 장소와 시간은 그 나름대로 독특한 반응을 요구합니다. 당신은 현재 진행형의 배움에 들어와 있습니다. 이것이 수행의 아름다움입니다. 잠재적으로 당신이 일상생활에서 만나는 모든 것은 당신의 스승입니다. 그리고 순간순간 어떻게 사는가를 배우게 되면 충만하게 됩니다.

질문 5 일반적인 성공을 바라면 안 되는가

명상이 목표나 업적을 추구해서는 안 된다는 것을 이해하지만, 결혼이나 직장에서 나아지기를 바라지 않는다면 왜 수행을 계속해야 하나요?

대답   결혼과 직장 생활이 나아지도록 하는 것은 아주 자연스러운 일입니다. 그렇다면 위빠사나 수행을 하면 이런 생활을 향상시키는 데 도움이 될까요? 그렇습니다. 그러나 당신이 기대하는 방식으로는 아닙니다.

수행은 일반적인 성공 방식과는 다른 접근법이 필요합니다. 흔히 말하는 사다리 접근법은 일련의 단계를 설정합니다. 수행의 첫 단계, 둘째 단계 등등. 학사, 석사, 박사와 비슷합니다. 이런 구조화된 접근법이 유용할 때도 있습니다. 왜냐하면 다음 단계로 나아가기 위해 노력하면서 가장 많이 배우기 때문입니다. 그것은 수행을 위한 생산적인 에너지를 불러일으킬 수 있습니다.

나 자신이 대학에서 수많은 세월을 이렇게 살아왔습니다. 나는 학문적 성공의 사다리로 더 높이 올라가기 위해 노력하면서 갈등과 불안으로 가득 찬 삶을 인식할 때까지 그것을 편하게 여겼습니다. 개인적으로 이런 방법은 할 만큼 했습니다. 그러므로 당신은 수수방관하면서 게으르고 운명론적으로 살아가라고 말하는 것이 아니라는 점을 부디 이해해 주기 바랍니다. 오히려 내가 말하고자 하는 것은 수행과 실현을 동시에 보라는 겁니다. 앞서 말한 일본 선의 스승인 도겐 스님이 묘사한 방법입니다.

수행과 삶이 함께 가기를 원하는 지점까지 어떻게 가야 합니까? 이것은 대단히 중요한 질문입니다. 때로는 수행을 하면서 목적에 더 집착하는 때도 있습니다. "나는 마음챙김 수행을 통해서 수행 관련 책에 언급된 최고의 경지까지 도달하고야 말 거야." 마음은 끊임없이 A지점에서 B지점으로 가려고 노력합니다. 더 야망에 찬 마음은 A지점에서 Z지점까지 한 걸음에 가려고 원합니다. 그러나 수행은 A에서 A로 어떻게 가는가를 배우는 것입니다.

당신의 믿음을 '미래의 당신'에 두지 마십시오. 미래의 당신은 수없는 명상과 안거를 통해서 진전해 갑니다. 물론 길을 가면서 얻는 것도 있겠지만 결과물을 기다릴 필요가 없습니다. 명상은 일상생활이 제공하는 모든 것과 유익하게 잘 관계하는 방법을 배우는 끝없는 과정입니다. 확인하고 검증하는 것은 바로 여기에서 즉시 일어납니다!

겉으로 보기에는 수동적으로 보이지만 실제로는 훌륭한 방법으로 이끄는 역동적인 에너지가 작동하고 있습니다. 그러나 향상하는 데 에너지를 쓰지는 마십시오. 우리의 수행법에서 당신이 얻고자 하는 것은 깨달음이나 목표의 몇몇 단계가 아니라, 오히려 수행 센터, 집, 학교 등 어디에서든 상관없이 매 순간을 보살피는 것입니다. 이것이 수행과 일상생활을 분리하지 말라고 하는 이유입니다.

붓다는 완전히 깨달은 사람으로 인정받고 있습니다. 그는 당신에게 같이 참여하자고 권유합니다. 깨어있는 순간은 붓다 마음의 작은 순간입니다. 좌선을 하든 아니든 상관없이 그 깨달음을 삶에서 일어나는 모든 것에 적용할 수 있을 정도가 되면, 이런 깊은 깨달음에서 오는 배움의 선물을 받게 될 것입니다. 수행 센터에서든, 가족과 함께 있는 집에서든, 동료와 함께하는 직장에서든, 낯선 사람과 함께 있는 버스에서든 간에 아무 상관없이 삶을 유익하게 살아가는 방법을 배우고 있는 것입니다.

관계에서의 호흡 명상

살아 있는 것은 관계 속에 있다.

위말라 타카

우리 모두는 평생 자신과 타인에 대한 이미지를 쌓으면서 살아간다. 이런 이미지에 영향을 전혀 받지 않고 인간관계를 할 수 있을까? 이런 이미지들이 얼마나 인간관계를 각색하고 왜곡하는지 알고 있는가? … 자신의 좋아함과 싫어함에 따라 타인을 교정하거나 변화시키고자 하는 습관적인 충동에서 벗어나서 완전히 새로운 관점에서 서로를 바라보거나 또는 서로에게 경청할 수 있을까? 기존의 관념에서가 아니라 그 관념에서 벗어나 명료하게 반응할 수 있을까?

토니 패커(Toni Packer)

수년 전 태국의 숲 속 전통 수행을 한 적이 있습니다. 나에게 숲이라는 곳은 소풍을 가거나 식물이나 버섯을 찾으러 가는 장소입니다. 그러나 태국에서 발견한 것은 뱀, 벌레, 그리고 엉킨 나무 덩굴이 가득 찬 정글이었습니다. 나는 조그만 오두막집이 있는 곳에 소풍을 가고 싶지 않았습니다. 나는 태국의 스승에게, 당신은 태국의 '정글' 전통으로 가르치지만, 나는 케임브리지 정글 전통에 따라서 수행한다고 말했습니다.

"케임브리지? 그곳은 대학들이 많이 있는 큰 도시가 아닌가요?"

"그렇습니다. 그러나 거기에는 사람들이 많습니다. 당신의 정글은 뱀과 야생동물로 가득 차 있고 나의 정글은 사람으로 가득 차 있습니다."

관계에 깨어있는 수행이 삶을 풍요롭게 할 수 있을까? 물론입니다! 너무나 분명한 사실입니다. 우리는 삶의 대부분을 관계 속에서 살아갑니다. 친구, 파트너, 아이, 동료, 이웃, 그리고 낯선 사람 등 우리가 관계를 맺고 있는 바로 이곳에서 강력한 법(다르마) 수행을 할 수 있습니다. 단순히 삶을 편안하고, 유용하고, 평화롭게 해 주는 방법을 말하는 것은 아닙니다. 관계에 깨어있는 수행은 전통 수행만큼이나 법에 맞고, 잠재적으로 자유로움의 힘을 가집니다. 물론 호흡과 함께하든 아니든 간에 깨어있기에서 멀어지지 않습니다. 깨어있기를 관계 속으로 가져오는 것입니다.

일부 사람은 관계에 깨어있기 수행을 제대로 된 정통 다르마 수행이라고 받아들이기를 망설이기도 할 것입니다. 그러나 이것은 나의 관점에서 보면 정말로 불행한 일입니다. 우리는 삶의 대부분을 타인과 함께 합니다. 의문을 던지고 탐구해 보기를 권하는 『깔라마 경』의 정신으로 인간관계를 바라보시기 바랍니다. 당신은 타인에 대한 조건화된 습관적인 반응, 특히 가장 친밀한 사람들에 대한 반응을 잘 살펴보고 알아차리고 있습니까? 인간관계 속에서 평정심을 유지하고 있나요? 비판이나 비난 없이 배울 수 있나요?

호흡은 늘 우리와 함께하지만 관계에 깨어있기 수행법에서는 호흡에 늘 주의를 기울일 수 없습니다. 왜냐하면 인간관계는 너무나 빠르고 격렬하게 움직이기 때문입니다. 그래도 괜찮습니다. 나와 마찬가지로 다른 수행자들도 경험상 호흡을 알아차리는 수행은 관계 수행을 하는 데 방해가 되기도 한다는 것을 알고 있습니다. 나와 타인 사이에 일어나는 것에 초점을 맞추기보다 호흡에 초점을 맞추면 이런 일이 일어납니다. 호흡을 놓치지 않을까 하는 두려움 때문에 아주 빨리 변하는 인간관계를 미처 따라잡지 못해도 이런 일이 일어납니다. 이것은 호흡 알아차림을 잘못 사용하는 것입니다.

호흡 알아차림을 적절하게 사용할 때와 아닐 때를 잘 구별하는 것은 여러분의 몫입니다. 마음이 더 명징해지는 데 호흡이 도움이 된다면, 관계에서 호흡 알아차림이 유익한 때와 그렇지 않은 때를 아는 지혜를 키울 수 있습니다. 관계 수행을 하면서 호흡을 알아차리지 못한다고 해서 놀라지 마십시오. 선택하지 않고 깨어있기에서 호흡을 내려놓으면서 좌선을 하듯이 관계에 깨어있기 수행도 종종 이런 방향으로 수행이 나아가기도 합니다.

· 나와의 관계부터 ·

시간이 지나면서 관계에 깨어있기는 자기중심적 현상을 드러냅니다. 자기중심적 현상은 '나'를 우주의 중심으로 보는 것입니다. 그리고 관계에 깨어있기는 자신의 본성이 무엇인지를 계속해서 가르쳐 주기 때문에 조건화를 벗어난, 순냐따(suññatā, 空) 즉, 텅 빔, 또는 삶에서 드러나는 고요로 데려다줄 수 있습니다.

대개의 수행자는 내가 이렇게 말하면 바로 그 의미를 파악합니다. 수행에서 관계를 빠뜨리면 그 수행은 의미가 희석되고 제한적인 가치만을 가지게 됩니다. 당신은 가족, 직장, 심지어 자신과 조화롭게 지내는 법을 보게 됩니다. 그렇지만 가장 수행을 잘하는 제자들조차도 관계에 깨어있기를 하기 시작하면 당황스러워합니다. 이 수행법은 관대하고 느긋하게 이완된 상태에서의 인내와 통찰이 필요합니다. 첫 단계에서 호흡하면서 단순히 마음을 바라보는 수행을 했을 때 마음이 혼란스럽지 않았나요? 이제 당신은 일상생활에서 관계라는 가장 복잡한 상황의 열기 속에서 수행을 하고 있습니다.

여기에서 관계는 절친한 관계에 한정하지 않습니다. 다른 사람과 같이 있는 모든 순간을 뜻합니다. 사람만이 아니라 사물, 자연, 예술 그리고 관념과의 관계까지도 전부 포괄합니다. 제일 처음은 자신과의 관계입니다. 이런 관점에서 보면 삶은 관계입니다. 심지어 혼자 좌선을 하고 있다고 해도, 마음이 만들어 내는 것과 몸이 움직이는 방식과 관계를 맺으면서 자신에 대해 배우는 것입니다.

관계를 자기 발견의 수단으로 이해하는 나의 관점은 40년 전 크리슈나무르티에게 배운 것입니다. 그에게는 관계, 깨어있음, 배움이 분리할 수 없는 수행입니다. 그는 조용히 혼자 앉아서 수행하는 것도 좋지만 관계를 섬세하게 받아들이고 배우는 것이 중요하다고 강조했습니다. 이것은 내가 수십 년 전에 가르쳤던 대학에 그가 방문해 함께 시간을 보내면서 내린 결론으로 나에게는 아주 분명한 것이었습니다.

"숙제라고나 할까, 뭔가 내가 할 수 있는 것을 줄 수 있나요?"

"당신이 실제로 삶을 어떻게 살아가고 있는지에 집중하세요!"

무슨 말인지 분명하지 않아 머뭇거렸습니다. 그러자 그는 내 눈을 똑바로 쳐다보았습니다. 그의 목소리에는 전류가 흐르고 있었습니다. 그리고 그는 "실제로 삶을 어떻게 살아가고 있는가"라는 이 문장을 되풀이했습니다. 그러고는 다시 설명을 했습니다. 그렇게 살아야 된다고 생각하는 식으로 살지 말고, 종교적 가르침이 말하는 방식으로 살지 말고, 부모가 말하는 방식으로 살지 말고 삶을 있는 그대로 생생하게 사십시오.

이 말이 내 의식의 심연을 뚫고 지나갔습니다. 그 지점이 나의 수행이 시작된 곳입니다. 오랜 시간 혼자 앉아서 수행하는 것을 좋아하지만 좌선이 최고라고는 생각하지 않았습니다. 명상을 처음 대할 때부터 내 삶의 스펙트럼에 들어 와 있는 모든 사람들, 예를 들면 부모에서부터 근처 식료품 가게의 점원까지 모두가 나의 수행 밖에 있지 않았습니다.

그때 이후로 관계 수행이 수행자뿐 아니라 이 세상에도 꼭 필요한 것이라고 확신했습니다. 서로 관계를 맺고 있는 인간 사이에 평화가 없으면 지구의 평화가 가능하겠습니까?

케임브리지 통찰명상센터는 관계에 깨어있기 수행을 중요하게 생각합니다. 그러나 모든 사람들이 관계에 깨어있기 수행을 온전한 법(다르마) 수행이라고 생각하지는 않습니다. 다르마를 주목하십시오. 이런 사실은 잘 알려진 위빠사나 스승이 우리 센터에 와서 자신이 열고자 하는 새로운 수행 센터에 대한 조언을 구할 때 확연히 드러났습니다. 그와 나는 수행에 대한 믿음과 방법에 전적으로 동의했습니다. 그러나 이런 동의는 제자들과 수행에 대한 상담을 하는 우리 센터의 체계에 대한 나의 설명이 있기 전까지였습니다.

전통적인 수행 센터에서는 스승은 주로 안거 수행을 할 때 집중 수행 상담을 합니다. 이와는 달리 우리 센터에서는 1년 내내 수행 상담을 합니다. 이렇게 규칙적으로 정해진 스케줄에 따라 상담을 하는데 상담 시간이 안거 수행의 상담보다 더 깁니다. 상담을 하는 동안 우리는 제자들에게 일상생활에 대한 질문을 하는데 관계를 주제로 하는 이야기가 주를 이룹니다.

위빠사나 스승은 이런 수행법에 당황했습니다. 수행에서 실제로 일어나는 문제를 다루는데 10분 정도의 다르마 상담이면 충분하지 않은가? 일상생활에 대한 문제를 길게 면담하고 싶으면 차라리 훌륭한 치료자를 만나는 것을 추천해야 하지 않는가? 그의 질문은 일리가 있었습니다.

나는 케임브리지 통찰명상센터를 세운 초기부터 위빠사나 전통의 인터뷰 방식과 혁신적인 우리의 접근법을 조화시킬 필요가 있다고 생각했습니다. 다행이 이 문제에 대해 많은 스승들에게서 현명한 조언을 받았습니다. 나의 가까운 동료이자 아주 경애하는 친구 코라도 펜사

(Corrado Pensa)가 자신의 스승 중 한 분인 빠울라(Paula) 수녀님을 소개해 주었습니다. 그녀는 까르멜 수녀원 소속으로서 케임브리지 통찰명상센터의 미래에 지대한 영향을 미쳤습니다. 25년 전 이태리에서 안거 수행 지도를 마치고 수녀님을 만났을 때, 그녀는 잡목으로 둘러싸인 철저한 묵상의 처소에서 26년 동안 살고 있었습니다. 그 공간 밖으로 한 걸음도 나가지 않고 그녀는 7명의 제자 수녀와 수많은 방문자들을 지도하고 있었습니다.

나는 그 수녀원에서 일주일 내내 보냈습니다. 하루에 두 번씩 빠울라 수녀님을 만났습니다. 그녀는 생기에 넘치면서도 깨어있는 마음의 소유자였고, 유머 감각도 훌륭했습니다. 내가 제자들의 삶 전반에 걸쳐 관계가 중요하다고 말했을 때, 그녀는, "수행과 삶을 연관지어 공유하는 시간이 있나요?"라고 질문했습니다.

수녀님의 반응에 당황한 나는 질문의 의미를 설명해 달라고 요청했습니다.

"일주일 동안 당신이 하는 이야기를 들으면서 좌선과 안거 수행과 같은 집중 수행은 수행자들이 중요하게 느끼고 있다고 생각했습니다. 당신이 이에 대해 수행자들과 이야기를 한다는 것은 수행 나눔의 중요성을 인식한다는 것입니다. 또한 이런 집중 수행의 가치를 전적으로 인정한다는 것을 그들에게 말하는 것과 다름없습니다. 그러나 당신이 제자들에게 관계에 대해 마음챙김을 하고 깨어있으라고 지도를 하면서 거기에 대해 아무것도 묻지 않는다면, 수행자들은 그것이 중요하거나 의미

있는 삶의 일부는 아니라고 생각할 것입니다. 당신은 센터를 떠나서도 관계 수행을 하라고 그들을 격려하지만, 관계에 마음챙김을 적용한 그 결과를 공유할 통로를 주지 않는 것입니다."

그녀가 나에게 한 말을 달리 표현하자면, 우리가 적절한 질문을 하지 않는다면 관계에 깨어있기가 진정한 다르마 수행이라는 메시지를 전할 수 없다는 것입니다. 케임브리지에 돌아와서 우리는 그녀의 현명한 충고를 두 가지 방향으로 정착시켰습니다.

첫째로, 수행 그룹과의 상담에서 지도 스승은 관계와 일상생활에 대해 질문을 한다. 우리들은 오랜 경험을 통해 모두가 이의 없이 받아들이는 사성제에 바탕을 둔 법의 원리를 사용했고, 이를 인간관계에 적용했습니다. 나의 과제는 능숙한 정신 치료사로서가 아니라 (물론 나는 정신 치료사가 아닙니다.) 다르마의 귀로써 수행자들의 일상생활과 관련된 이야기를 듣는 것입니다.

둘째로, 새로운 안거 모델을 만든다. 우리는 그것을 샌드위치 안거라고 불렀습니다. 마치 샌드위치처럼 주말 사이에 평일 저녁을 끼워 넣는 방식입니다. 두 주말이 빵에 해당되고, 평일 저녁이 내용물이 되는 셈입니다. 주말에는 보통의 위빠사나 안거 수행처럼 정기적인 좌선 수행과 걷기 명상을 합니다. 평일은 일상생활에서 일어난 일을 가지고 마음챙김을 하고 이렇게 주의 집중하는 가운데 배웁니다. 평일 저녁에 함께 모여 수행에 관한 담소를 나누고 그 결과를 스승에게 보고를 하는 형식입니다. 이런 식으로 삶 속에서 수행 경험을 나누는 것입니다.

태국처럼 홍수가 빈번한 열대기후의 나라에서는 홍수로 집이 파괴되거나 완전히 소실되는 경우가 있습니다. 이런 일에 대해서 숲의 스승인 아잔 차 스님은 이렇게 말합니다. "홍수로 집을 잃었는데, 어떻게 마음을 잃지 않을 수 있겠는가?"

의심할 여지없이 비극적 사건들은 우리 삶에서 늘 일어납니다. 좀 더 미묘한 질문은 다음과 같은 것입니다. "거기에 대한 당신의 반응은 어떻습니까? 일어난 사건과 당신은 어떤 관계를 맺고 있습니까?" 여기에 대한 붓다의 가르침은 혁신적이고 또한 간명합니다. 그것은 타인과의 관계를 포함해 어떤 일이 일어나든 우리가 겪는 삶의 체험과 관계 맺는 방식을 변화시키는 시도라는 것입니다. 우리는 대부분의 시간을 우리에게 일어난 일에 매달리거나 그것을 밀어내며 보냅니다. 이런 습관적인 반응은 지금 이 순간 벌어지는 밀고 당기는 행위가 얼마나 우리를 고통의 사슬에 얽매이게 하는지를 잘 인식하지 못하는 데에서 비롯됩니다.

나의 경험에서 보면 이런 집착을 수반한 관계보다 더 즉각적으로 반응을 일으키는 것은 없습니다. 이런 반응은 자동적으로 일어납니다. 핀으로 손가락을 찌르면 피가 나오는 것과 같습니다. 미국 문화에서는 "단추를 눌렀다."라고 표현합니다. 단추를 누르면 반사적으로 행동하는 것입니다. 그렇게 조건화되어 있기 때문입니다. 과거에 내장된 프로그램이 현재에는 약간 변형되어 자동적으로 튀어나오는 것입니다.

우리는 어제의 눈, 귀, 목소리로 보고, 듣고, 말합니다. 그러면서도 반사적이고 극적인 반응을 자발성의 신호라고 믿습니다. 과연 이런 습관적인 행동 양식을 자랑스러워해야 하나요? 이렇게 동일하게 부정적인 패턴을 계속 반복하거나 약간 변형하면서 일생을 보낼 수도 있습니다. 관계는 유동적이고 역동적입니다. 매 순간은 새로운 상황을 낳습니다. 그렇지만 현재의 순간에 새롭게 타인에게 반응하는 것이 아니라, 과거의 고정된 이미지를 타인에게 부여합니다. 우리 모두는 가장 가까운 동료에게 특히 이렇게 하기 쉽습니다.

이슬람 수피 전통에서 내려오는 훌륭한 이야기가 있습니다. 바보 현자 물라 나스루딘(Mulla Nasrudin)은 나무 아래 앉아서 매운 홍고추를 먹고 있었습니다. 너무 매워서 눈물이 뺨을 타고 흘러내렸습니다. 그러나 그는 여전히 하나씩 하나씩 고추를 먹고 있었습니다. 주위 사람들이 그에게 결국 묻습니다.

"물라, 이 매운 홍고추를 왜 먹고 있지?"

"달콤한 고추가 나오기를 기다리고 있습니다."

불같이 일어나는 기계적인 반응을 이제는 끝내야 하지 않겠습니까? 그러나 아무것도 하지 않으면서 다음번에는 친절과 평온함으로 반응하기를 바라고 기도해서는 안 됩니다. 우리는 조건화된 반응 양식을 끝낼수 있습니다. 어떻게 가능할까요? 우리가 기계적으로 반응하고 있다는 그 사실에 우리의 오랜 친구인 깨어있음을 갖다 놓는 것입니다. 이때 호흡의 도움을 받을 수도 있고 그렇지 않을 수도 있습니다.

이렇게 수행하면, 배우자에게 화를 내거나, 자녀에게 실망하거나, 부모에게 좌절감을 느끼는 것과 같은 조건화된 반응을 하려는 그 순간에 자신을 다잡을 수 있습니다. 이렇게 바로 보는 에너지가 기계적인 반응의 에너지에 접촉하게 되면, 자기 이해를 통해서 새로운 수행법은 그 문이 열립니다. 깨어있는 것을 통해서 기계적인 반응은 신선하고 순수한 반응으로 변화합니다. 명징한 마음에서 나오는 반응이기 때문입니다. 과거의 고정된 선입관으로 보는 것이 아니라, 현재의 그 순간을 정확하게 봅니다. 기계적인 반응은 오래되고 진부하지만 정확하게 보는 반응은 신선하고 적절합니다.

한 수행자와 나눈 이야기를 여러분과 나누려고 합니다. 이 수행자의 이야기는 다른 많은 수행자들의 입장을 대변하고 있습니다. 아주 세속적으로 보이는 상황이 붓다의 가르침을 가장 잘 이해할 수 있게 한다는 것을 명심하기 바랍니다. 이 '간단한' 이야기는 남편에 대한 것입니다. 그는 오랫동안 사랑이 가득한 결혼 생활을 하고 있었지만 아내에게 만성적으로 짜증이 나는 이유를 알지 못했습니다. 아내가 말하는 스타일이 종종 그를 자극했습니다. 아내가 친구나 처가에 대한 불만과 분노를 쏟아 내는 것도 그를 불편하게 했습니다. 집중 수행과 일상생활 수행을 수년 동안 했음에도 불구하고 그는 아내의 행동에 심하게 화가 났고, 계속적으로 언쟁을 했습니다. 많이 힘들어했습니다.

나는 그에게 관계에 깨어있기에 초점을 맞추도록 권유했습니다. 관계 수행을 시작한 지 얼마 안 되어서 그는 케임브리지에서 멀리 떨어진 곳으로 이사를 했습니다. 최근 그에게서 한 통의 편지를 받았는데, 그는 이제 아내의 행동에 더 이상 짜증을 내지 않게 되었다고 하면서, 그렇게 된 과정을 언급했습니다. '나는 아내가 큰소리를 내는 게 싫어. 아내는 진정할 필요가 있어.'라는 조건화된 이전의 반응은 사라졌습니다. 그 대신 아내의 폭발이 견딜 수 없을 때, 그의 마음은 내면을 향하면서 자신의 짜증을 알아차렸습니다. 오랜 시간 동안 짜증을 바라보면서 자신이 계속해서 참지 못한 것이 아내가 아내 자신이 원하는 것에 따라서 행동하기를 바라는 것이 아니라 그의 욕구에 따라서 행동하기를 원하는 것에서 비롯된다는 것을 알았습니다. 오히려 '아내가 어떤 일정한 목소리로 말하면, 나는 기계적으로 짜증으로 반응한다.'고 하는 조건화된 습관에 머무르지 않게 되면서 악순환의 고리를 끊을 수 있었습니다. 아내가 말을 하고 거기에 대해 자신이 반응하는 그 순간에 깨어있으면서 이것이 가능했습니다.

자기 발견과 깨어있음은 이런 효과를 지닙니다. 첫째로, 아내에 대한 짜증을 그가 보았을 때 그의 반응은 줄어들었습니다. 결국 짜증은 사라졌습니다. 조급함이나 분노라는 고정된 일련의 반응을 통해서 아내를 보는 것이 아니라, 새로운 눈을 통해서 아내를 보았습니다. 이와 동시에 아내와 떨어지거나 분리되지 않으면서도, 아내와 자신의 내적 반응을 마음챙김 했다고 자랑스럽게 나에게 말했습니다. 그는 바로 거기, 자신의 생활 공간에서 그 순간에 머물면서 관계에 대한 수행을 한 것입니다.

이렇게 함으로써 그는 (아내를) 비판하는 것에서 (아내를) 이해하는 것으로 옮겨 가는 중요한 과정을 완수했습니다. 여러분도 가능합니다. 수행으로 내적 반응과 함께 머물 수 있고, 동시에 다른 사람에게도 주의 집중하는 것을 배웁니다. 때로는 다른 사람에 더 집중하기도 하지만, 자신과의 접촉을 잃어버리지 않습니다. 이와는 반대로 다른 사람보다 자신에게 더 집중할 수도 있습니다. 그것은 마치 밀물, 썰물과 같습니다. 나는 이렇게 들어가고 나가는 수행법을 짧은 시간 동안 많은 수행자들을 면담하면서 사용했습니다. 그리고 이 수행법으로 인해 마음이 신선해지고, 새로운 만남이 가능하다는 것을 경험했습니다.

편지 말미에 그는 자신의 결혼 생활이 더욱 만족스러워졌다고 썼습니다. 이런 우여곡절을 통해서 아내를 더 사랑하게 되었다고 말입니다. 이제 늘어나던 짜증의 악순환은 관계 수행법으로 끊어졌고, (자신과의) 내적인 관계도 조화를 이루었습니다. 대단한 일입니다!

· 가장 무거운 등짐 ·

고대 중국인들은 흔들림 없이 모든 상황에 깨어있는 수행자를 묘사하기 위해 집주인이라는 이미지를 사용했습니다. 많은 손님들이 집주인을 방문합니다. 초대된 사람들은 친절하고, 우아하고, 잘 즐깁니다. 초대되지 않은 사람들은 술 취하고, 고분고분하지 않고, 차려놓은 모든 음식을 먹어 치웁니다. 우두커니 서서 허공을 쳐다보기도 합니다.

손님들의 행동에 빠져 주인 노릇하는 것을 잊는다면, 우리는 더 이상 집주인이 아닙니다. 오고 가는 모든 다양한 손님을 맞이해 항상 깨어있어야 합니다. 이것이 바로 수행입니다. 주인이 되십시오. 스스로 깨어있으십시오.

관계 수행을 할 때 안정되고 평온한 주인이 되는 것은 더 도전적인 과제일까요? 물론입니다! 주인이 되는 것도 쉬운 일이 아닌데 안정되고 평온하기까지 하다면 훨씬 더 도전적인 과제가 분명합니다. 자신의 감각과 감정에 빠져서 판단이 흐려지게 되면 우리 앞에 와 있는 손님들을 보지 못할 수도 있습니다. 혼돈 또는 기쁨, 또는 욕망 속에서 자신을 잃어버리기도 합니다. 주인의 이미지는 당신이 다른 사람에 완전히 주의 집중하고, 그들이 그 순간에 무엇을 말하고 무엇을 하는지를 보고 듣는 것입니다. 때로는 자신을 잘 살펴보도록 상기시켜 주기도 합니다.

이런 수행이 계발되면서 과거라는 이미지의 필터가 깨어있는 마음으로 바라보는 에너지로 인해 녹아 버립니다. 10대 자녀를 둔 분이라면 수백 번도 더 반복했을 행동을 예로 들어 보겠습니다. 당신이 딸에게 방을 치우라고 소리 지르면, 딸은 문을 꽝 닫고 고함지릅니다. "내버려 둬!" 당신은 다시 고함지르고 분노를 삭이면서 물러납니다. 딸은 저녁을 먹으러 오지도 않습니다. 이런 일이 계속됩니다. 불교의 가르침에서 희론, 빠빤짜라는 단어는 이런 연속적인 반응을 뜻합니다. 감정은 악순환을 일으키고, 그리고 깊은 고통은 계속됩니다.

명징하고 새로운 마음으로 반응하면 빠빤짜를 약화시키고 그리고 이런 반응의 악순환을 끊게 됩니다. 이전과 같은 말을 반복한다고 해도, 그 영향은 다릅니다. 당신은 이렇게 말할 것입니다. "옷과 책과 인형 좀 치워 줄래?" 당신의 마음이 신선하고 에너지가 독하게 나오지 않으면 당신의 자녀가 듣고 친절하게 반응할 확률이 높아집니다. 그러나 같은 말이라도 기계적인 반응에서 나오면 분노로 끓어오릅니다. 그렇게 되면 상대방은 당신의 말을 듣지 않습니다. 왜냐하면 공격을 받았기 때문입니다. 많은 경우 우리 인간은 실제적인 공격이든 상상의 공격이든 어떤 것에라도 자신을 방어하고자 합니다. 이 사실을 알고 있지만 종종 잊어 버립니다.

관계와 배움은 같이 갑니다. 어떤 의미에서 관계 수행은 평생 지속되어야 하는 학습 과정입니다. 평생에 걸쳐 배워야 한다는 것이 이 수행법의 핵심입니다. 우리가 지속적으로 이 수행으로 돌아온다면 우리의 태도는 비판에서 이해로, 조건화된 습관적인 반응에서 신선하고 온전한 반응으로 변화하게 해 주는 무한한 원천을 얻게 됩니다.

이렇게 되면 다른 사람을 보는 마음은 더 현명하고, 더 친절한 행동으로 나타납니다. 매달리거나 통제할 수 있는 반응이 아닙니다. 조용하고 명징한 마음에서 나옵니다.

관계 수행을 기꺼이 온전한 수행으로 받아들이는 수행자들은 배우자나 자녀, 직장 동료와 평화롭고, 편안한 관계를 맺게 되면 만족해합니다. 물론 이렇게 되는 것도 심리적이고 영적인 성장의 길로 향하는 귀중한 진전을 보여 주는 것이지만, 이런 차원을 넘어서서 더 깊이 관계에 깨어있기를 활용하게 되면 그 다음 단계는 더 깊은 내면의 여행으로 안내합니다. 말하자면 본래 마음이 가진 본질을 깊이 이해할 수 있게 됩니다. 이런 마음은 축적되어 온 조건화된 업습과는 아무 관련이 없습니다.

조건화된 과거의 업습은 친밀한 관계에 있는 사람들 사이에서 자동으로 각자에게 이로운 단추를 누릅니다. 서로의 이기적 습관 때문에 대립과 갈등에 직면하게 됩니다.

수많은 경전에서 붓다는 고통의 뿌리는 나와 나의 것에 집착하는 것이라고 가르쳤습니다. 고통은 갈망과 집착 때문이라고 가르치는 사성제를 깊이 탐구해 보면 욕망하는 것도 바로 나이고, 놓아 버림에 저항하는 것도 나라는 것을 봅니다. 다르마 수행은 자아를 버리거나 또는 자아를 넘어섬으로써 고통에서 해방되는 자유에 대한 것입니다. 도겐 스님은 이것을 아름답게 표현했습니다. "불법을 공부하는 것은 자아를 공부하는 것이다. 자아를 공부하는 것은 자아를 버리는 것이다. 자아를 버리는 것은 모든 것에 깨어있는 것이다." 그가 언급한 바와 같이 마음은 더 이상 자아를 중심에 놓지 않습니다. 그 마음은 자아에 사로잡혀 있지 않습니다. 그 마음은 바로 지금 깨어있고 명징합니다. 이런 식으로 우리는 우리가 가진 가장 깊은 문제 즉 '나'에서 벗어납니다. 나의 관점에서 보면 지구상에서 가장 문제적 인간은 바로 나 래리 로젠버그입니다.

대부분 우리가 '나'라고 부르는 것은 우리 자신의 이야기로 구성되어 있습니다. 내가 태어났던 곳, 그 이후로 일어난 모든 일들, 나의 친숙한 걱정, 불안, 열망, 상실, 그리고 기쁨입니다. 이런 이야기를 갖고 있지 않은 사람은 아무도 없습니다. 사람과 관계를 맺을 때 이런 종류의 이야기를 가지고 만납니다. 관계가 깊어지면서 이야기를 수정할 수도 있습니다. 때로는 자신을 모범적인 파트너, 친구, 또는 고용인으로 여깁니다. 다른 관계에서는 스스로를 희망이 없다고 여기기도 합니다. 거의 모든 만남에서 이러저러한 성향들이 떠오르고 그리고 모순들이 널려 있는 것을 봅니다. 그것들은 에너지의 역동적인 다발들이고 이것을 우리는 '나'라고 생각합니다.

그러나 관계에 깨어있기가 깊어지면 자아의 개념이 변화합니다. 마음을 계속해서 살펴보면 마음이 스스로 만드는 이미지와 꾸민 이야기가 멈추지 않고 지속적으로 생산하는 것들을 보게 됩니다. 그러면 '나'와 '내 삶'이 무상하고 실체가 없다는 것을 이해하게 됩니다. 모든 불교 전통은 이런 실체 없음, 또는 공에 대해 말합니다. 그것은 법(다르마)의 최고 보석입니다. 무엇에 대한 공일까요? '나' 또는 '나의 것'에 대한 집착이 공한 것입니다.

우리는 과연 우리 자신의 이야기를 놓아 버리길 원할까요? 지금까지 들인 시간, 에너지, 돈을 생각하면 그렇게 쉽게 놓아 버릴 수는 없을 것입니다. 우리는 모두 자아를 세련되고 멋지게 하기 위해 학교에 가고 여행을 하고 힘들게 일했습니다. 심지어 더 영적인 자아, 더 자비스러운 자아를 얻는 것에 매달리고 있을지도 모릅니다.

그러나 주의를 집중해서 수행하다 보면 바라보는 것이 명징하고 안정될 때가 옵니다. 그때에는 자신의 이야기를 놓아 버리는 것이 훨씬 쉬워집니다. 무엇을 붙잡아야 하는가? 무엇에 대한 집착인가? 우리가 잡으려 하면 그것은 이미 지나갑니다. 우리의 감정은 출렁거리고 우리 앞에 놓인 삶의 환경은 변화합니다. 이미 철 지난 뉴스일 뿐입니다. 1년 전에 나의 모습이라고 믿었던 것이 시간이 지나면서 퇴색해 버리고 과거의 개념화된 기억들로 흘러갑니다. 그 당시에는 대단한 것으로 생각했던 것들이 시들해져서 흥미가 없어집니다.

다른 말로 하면 자아를 안다는 것은 아주 깊은 의미에서 내가 아닌 모든 것을 발견하는 것입니다. 관계에 대한 마음챙김은 이렇게 잘못 인식된 것들을 제거하고 나의 이야기에 집착하는 것을 놓아 버리는 강력한 도구입니다. 법(다르마) 수행은 덧셈이 아니라 뺄셈을 강조합니다.

명상 수행을 하면 자기 향상도 동반되나요? 그리고 자신감도 올라가나요? 물론입니다. 그러나 내가 여기서 강조하고 있는 것은 수행을 하면서 우리가 지향하는 것은 통상적인 상향식 방향이 아니라는 것입니다. 그것은 자아라고 하는 고정되고 안정적인 통합체에 대한 믿음에서 해방되는 것입니다. "나는 훌륭한 사람이야." 또는 "나는 바보야." 등 생각은 단지 생각일 뿐이라는 것을 보기 시작합니다. 예를 들면 "나는 위기의 순간에도 흔들림 없이 평온해야 해."라든가 "내가 없으면 이 조직은 와해될 거야."라는 식의 자신이 가진 고정관념에서 오는 편견을 버리는 것입니다. 내가 가지는 나의 이미지는 조건화된 과거의 업습이 만들어 낸 것임을 분명히 알아차리게 되면, 마음이 맑고 자유로워지며 안정감을 갖게 됩니다.

위빠사나의 모든 수행법은 조건화된 마음에서 조건에서 벗어난 마음,

순수한 깨어있음 그 자체로 나아가게 합니다. 다른 말로 하면 우리를 고통에서 해방시켜 줍니다.

일본에서 선 수행을 할 때 우연히 보게 된 아름다운 그림은 이런 사실을 잘 보여 줍니다. 그 그림에서 한 일본 선승은 거대한 짐을 등에 짊어지고 있습니다. 그의 등은 굽어 있고 맨발입니다. 해변 가를 걸어가는 그의 얼굴은 슬픔으로 가득 차 있습니다. 모래 위에 새겨진 발자국은 고랑처럼 깊이 파여 있습니다. 등에 지고 있는 짐은 바로 '나'입니다.

· 실수에서 배울 수 있다면 ·

3단계 선택하지 않고 깨어있기에서 우리는 집중 수행에서 볼 수 있는 고요한 마음의 힘과 아름다움에 대해 언급했습니다. 이제는 그 힘과 아름다움을 인간관계의 영역으로 가져오고자 합니다. 이런 고요함은 그 성질상 무한합니다. 가족과 가까운 친구의 범위를 벗어납니다. 동료와 고용주 그리고 버스 운전사에게까지 확장됩니다. 그것은 우리 삶 전체에 퍼져 나가는 삶의 방식이 됩니다.

그러나 우선 고요한 마음의 성질에 대해 알아야 합니다. 경전을 읽을 때 고요한 마음은 틀림없이 지혜와 자비와 함께 움직이는 것처럼 보입니다. 그러나 바라봄의 에너지가 아무리 명징하다고 해도, 스스로가 삶 속에서 아무리 지혜롭고 자비롭다고 해도, 매 순간 주의 집중이 필요합니다. 원인과 결과라는 카르마의 법칙은 쉬지 않고 인간의 만남에서 작동합니다. 어떤 경우 지혜롭고 유익하게 보여도 다른 경우 그렇지 않기도 합니다. 심지어 해가 되기도 합니다. 다른 사람에게 한 말이나 행동이 어떤 결과를 미칠지 예측할 수 없습니다. 바로 보고 익혀야 합니다!

최고의 지혜로 대응해도 실수가 일어납니다. 한번쯤은 경험했을 것입니다. 인간관계뿐 아니라 자연, 돈, 음식, 성, 스포츠와의 관계도 마찬가지입니다.

실수에는 책임을 져야 하지만, 수행자 입장에서는 이런 나쁜 상황이 좋은 결과로 이어진다는 것도 배웁니다. 안 좋은 경험도 이전 습관에서 자유로워질 수 있는 기회가 되기 때문입니다. 다시 말하면, 과거의 조건화된 업습을 정리하고, 이를 교훈 삼아 더 이상 과오를 반복하지 않도록 하는 데 도움을 줍니다. 그래서 지혜를 익힐 기회가 됩니다.

틱낫한 스님은 경험을 비료에 비유했습니다. 적절한 비유라고 생각합니다. 대부분의 사람들은 기계적이고 습관적인 반응을 쓰레기 다루듯이 버리려고 합니다. 그러나 습관적인 반응을 쓰레기라고 버리지 않고 퇴비로 만들어 재활용하면 유기농 비료가 되어 채소를 무럭무럭 자라게 할 것입니다. 우리는 실수에서 배우고 어리석음과 지혜의 부족을 보면서 더욱 지혜롭게 성장합니다. 마찬가지로 실수를 바로 보거나, 실수에서 배우지 못한다면, 역시 지혜롭게 되지 못합니다.

『깔라마 경』에 있는 붓다의 가르침을 기억하십시오. 지혜는 고정된 것이 아닙니다. 지혜는 살아 있고, 순간순간 검증되어야 하고, 배워야 합니다. 실수할 수 있습니다. 어리석은 행동을 할 수 있습니다. 다른 사람들에게 상처를 줄 수도 있습니다. 실수에서 배우는 사람이 있는가 하면 불행하게도 그렇지 못한 사람도 있습니다. 실수에서 배울 수 있다면, 명상 수행은 추상적인 목표라기보다는 끝없이 이어지는 흥미로운 여행이 될 것입니다.

순례의 길은 내면에 있습니다. 우리의 마음에, 가슴에 있습니다. 그곳이 진정한 여행이 일어나는 곳입니다. 호흡은 내면 여행을 도와줍니다. 많은 여행자들이 호흡에서 내면 여행을 시작합니다. 어떤 사람은 조건에서 벗어난 마음을 더 많이 잡고 보기 위해서 호흡을 도구로 사용합니다. 또 다른 사람들은 붓다가 남긴 다른 방법 중 하나를 선택합니다. 예를 들면 방법 없는 방법, 또는 선택하지 않고 깨어있기 등입니다.

이 책에서 일상생활과 관계에 특별히 관심을 보이는 이유는 수행 센터에서 하는 집중 수행 과정만 중요시하고 일상에서의 수행은 종종 회피하고, 무시하고, 덜 영적인 것으로 간주하기 때문입니다. 그러나 앞에서 내가 말한 바와 같이 잘 기억하십시오. 수행 센터에서 수행을 하든, 설거지를 하든지에 상관없이 모든 형태의 삶 자체가 수행입니다. 갈망과 혐오는 어디에서든지 일어납니다. 그러므로 주어진 삶의 상황에서 모든 순간순간마다 올바른 행동을 선택하십시오. 깨어있음과 호흡은 삶의 모든 측면에서 배우고 순간순간 알아차리도록 하여 자유로워지는 것을 도와주는 도구입니다. 삶을 현명하게 살아가도록 도와주고, 결국은 당신의 삶이 자신과 주변 모든 사람들에게 유익하게 되게 합니다. 그것이 수행 센터에서나 일상생활에서나 명상 수행이 존재하는 이유입니다.

붓다는 한 개인의 삶의 관점을 제시했습니다. 붓다는 인간 정신의 깊이를 탐구하고, 자신의 고통이 무엇인가를 알고, 우리와 그것을 공유하기 위해 노력한 인간이었습니다. 나에게 붓다는 삶의 안내자이고, 다행히 여러분과 마찬가지로 붓다의 가르침을 공부하도록 초대받았습니다. 나 자신의 삶과 다른 사람의 삶에서 그의 가르침을 계속해서 확인하면서 더 많은 에너지와 기쁨이 생겼습니다. 그래서 나는 지속적으로 수행합니다.

그러나 만약 붓다가 실제 존재하지 않았다고 증명된다면 당신은 어떻게 하겠습니까? 인도 유명 대학의 훌륭한 많은 학자들이 붓다란 인물을 꾸며내고 함께 경전 내용도 만들어 내어서 3천 년 전의 것이라고 조작하고 빨리 어와 산스크리트 어로 번역했다는 이론이 있습니다. 그래도 나는 계속할 것입니다. 언어적이고 학문적인 상위구조와 역사적 퇴적물이 제거되고, 붓다의 가르침이 일부러 만들어진 것이라고 해도 나는 계속 명상 수행을 할 작정입니다. 왜냐고요? 이보다 나은 것을 발견하지 못했기 때문입니다. 주의 집중을 하지 않고, 배우지 않고, 과거의 상처 속에서 살아가고…. 이것들에서 벗어나는 더 나은 선택이 있나요? 물론 없습니다. 깨어있음과 자기 앎은 온전하게 살아가는 것과 동의어입니다.

나는 붓다라고 불리는 그 누군가에게, 그리고 이 가르침을 수천 년 동안 간직하면서 이어온 많은 사람들에게 감사합니다. 나는 아주 뛰어난 스승들에게 이 가르침을 받는 행운을 누렸습니다. 내게 도움이 되었듯이 당신에게도 도움이 되기를 바랍니다. 수많은 경전과 수행법이 있지만, 그리고 때로는 서로 도와 가면서 격려하고 영감을 불어넣어 줄 수 있지만, 결국 도전적이고 즐거운 수행은 여러분에게 달려 있습니다.

깨달음의 경지가 어떤 수준이든 어느 정도는 붓다의 법맥 안에 있습니다. 당신은 현재의 순간을 잘 보살피면서 그 흐름에 들어옵니다. 그곳에서는 수행과 깨어있음, 그리고 조건에서 벗어나는 것과 알아차림은 모두 동일합니다. 당신이 수행을 하면 당신 자신, 다른 사람들, 그리고 마음의 자연에 보다 깊게 마음을 개방하게 됩니다. 더욱더 당신은 알아차림에서 살아갑니다.

나 자신의 경험에서 나온 수행 안내를 끝내면서, 처음이자 마지막이 될 시 한 수를 같이 나누고자 합니다. 이 시에 교만함이 보인다면 용서하시기 바랍니다. 평생을 시에 대한 자질이 없이 살아와서 그렇습니다.

앉아서 평화롭고 고요하게 명상을 하던 수개월 전의 일입니다. '갑자기' 무엇인가 짧은 영감 같은 것이 불쑥 다가왔습니다. 대단히 놀랐습니다. 특히 불쑥 다가온 그 말들이 나의 40년 수행 생활을 아주 압축적으로 드러낸다는 것을 알고는 더더욱 놀랐습니다. 나는 여기서 그것을 털어놓습니다. 자유를 향하는 여러분의 수행 여정에 도움이 된다면 나로서는 기쁨입니다.

평화는 어디에 있는 것일까

슬픔과 눈물이 있는 바로 그곳에 있다네.

이 얼마나 편리한가!

질문 1　　다른 사람의 얘기를 잘 들으려면

모든 주의 집중을 다해 타인의 이야기를 들으려고 하지만, 여전히 나의 마음은 이런저런 생각과 비판으로 가득 찹니다. '단순히 듣는' 수행에 대해 좀 더 설명해 주세요.

대답　　수행은 항상 동일합니다. 즉 지금 여기서 생생하게 일어나는 바로 그것에 깨어있는 것입니다. 바로 당신이 말한 바와 같이 나의 마음은 이렇게 말하기 시작합니다. "아, 대답이 길어질 것 같아." "피곤해. 샤워를 하고 싶어." 여기 계신 분들에게 강한 인상을 줄 만한 멋진 연설을 마음속으로 연습하고 있을지도 모릅니다.

당신과 마찬가지로 나도 이 수행을 합니다. 말하는 사람에 집중해서 잘 듣게 하고, 그리고 동시에 스스로에게 집중해 잘 듣게 합니다. 당신은 마음이 움직이는 것을 볼 것이고, 하나의 필터를 통해서 서로를 듣는다는 것을 알게 될 것입니다. 그것은 과거 또는 미래의 필터입니다. 그것은 불안하거나 잘 보이고자 하는 필터입니다.

이 수행법은 귀를 쫑긋 세우고 들으라고 자신에게 강요하는 것이 아닙니다. 그렇게 하면 쉽게 지칩니다! 오히려 열려 있고, 섬세하고, 깨어있게끔 격려합니다. 당신이 들을 때 마음이 움직이는 것을 들으십시오. 거기에서 배우십시오. 듣는 기술과 섬세함이 진전되면 필터는 힘을 잃습니다. 명료하고 맑은 마음이 자랍니다. 이렇게 듣게 되면 매달림이나 혐오감에서 자유롭게 됩니다. 그것이 말 그대로 바로 듣는 것입니다.

여기에 능동적으로 인간관계를 하면서 잘 듣는 기술의 미묘함을 보여 주는 한 사례가 있습니다. 나의 경험에서 나온 것입니다. 아내가 퇴근하고 난 다음 힘든 환자와 병원에서 씨름했던 일을 들려줍니다. 이런 이야기를 들으면 나의 기계적인 반응 단추가 작동해서 아내가 원치 않는 멋진 법문을 하게 됩니다. 나는 아내가 나에게 해결 방안을 원한다고 생각했습니다. 시간이 흐르면서 아내가 조언을 구하기도 하지만, 단순히 내가 들어주기만을 바란다는 것을 알았습니다. 이런 깨달음은 우리의 대화를 자연스럽게 해 주었습니다. 나의 마음은 더욱더 정서적으로 되어 갔고, 그런 분위기 속에서 대화가 진행되었습니다.

듣는 기술이 세련되면 기계적으로 반응하는 태도에서 찬찬히 헤아려서 반응하는 태도로 이동합니다. 이런 기술이 진전되면 스스로가 아주 자연스러워지고, 앉아서 호흡 명상을 하듯이 주위의 소리와 고요함을 듣게 됩니다. 두 사람이 시간을 함께 보내는 훌륭한 방법입니다. 정서적으로 힘든 상황에서도 잘 듣게 될 것입니다.

우리는 말하는 기술에 대해서는 관심을 보이고 높게 평가하면서 마음을 다해 세심하게 듣는 것은 상대적으로 낮게 평가해 왔습니다. 유창하게 말을 잘하는 사람은 모두에게 인상을 남깁니다. 그러나 고요하게 듣는 기술 또한 말하는 기술 못지않게 창조적이고 유익합니다.

다른 사람에게 비판적인 태도를 취하는 것이 나의 문제입니다. 직장에서 동료들과 같이 있을 때조차도 비판하고, 반대하고, 저항합니다. 너무 비판적이라고 스스로를 비판합니다. 끝이 없는 악순환 같습니다.

대답　　옳게 보고 계십니다. 비판하는 마음은 끝이 없는 퇴보를 만듭니다. 그러나 그런 자신의 패턴을 보는 것은 수행의 큰 부분을 차지합니다. 보세요, 비판하는 것 말고는 어떻게 반응하는지를 모르잖아요. 지금도 좋지 않고, 과거에도 그랬고 미래에도 그럴 것입니다. 당신이 마음이 비판하는 것에 사로잡혀서, 그리고 그것에서 벗어나고자 몸부림을 치면 칠수록 그 힘은 더 강해집니다. 그 점을 집중해서 보아야 합니다. 비판에 사로잡힌 자신을 사랑과 연민의 마음으로 바라보세요. "아, 비판하는 마음이 오는구나. 불쌍한 것. 그렇지. 저항하는 마음은 그렇게까지만 할 수 있지. 그냥 전적으로 이 마음도 수용할 수 없겠니?" 마치 까다로운 어린아이같이 취급하십시오. 주의를 집중해서 그 마음을 잘 보살피지 못하면 여러 복잡한 문제가 발생합니다.

저는 성질이 급해서 직장 동료들과 자주 싸우는데, 그것을 마음속에 간직하고 며칠 밤을 생각하기도 하고, 수행할 때에도 생각합니다. 결국은 나의 행위를 살펴보고 나의 잘못을 인정합니다. 명상은 인간관계의 독을 제거해 주는 것 같습니다. 이것도 통찰 수행 명상의 일부입니까?

대답　예, 그렇게 하는 것도 좋습니다. 경험으로 인해 고통을 멈추게 했기 때문입니다. 당신은 더 이상 에너지를 공급하지 않았습니다. 이것은 일종의 성찰적 통찰입니다. 생각을 유익하게 사용하고 계십니다. 사건은 끝났고 상처는 받았습니다. 당신과 당신의 동료는 싸웠고 그것으로 끝났습니다. 명상을 통해서 당신은 스스로의 행동에 통찰 경험을 했습니다. 아마도 동료의 마음을 상하게 한 것에 대해서 후회했을 것입니다. 수행을 하면서 인간관계의 이런 습관적인 행동이 더 이상 당신에게 유익하지 않다는 것을 보기 시작했을 것입니다. 당신은 실수를 인정했고, 후회했고, 그리고 앞으로 어떻게 살아야 하는지에 대해 사고의 성찰을 이용했습니다. 실수를 인정할 수 없다면 어떻게 지혜가 생기고 확장되겠습니까?

그러나 이것은 깊은 이해를 동반하는 위빠사나 수행은 아닙니다. 위빠사나 수행은 명징하고, 깊은 바라봄입니다. 명징하게 바라보는 능력이 강해지면, 이런 종류의 유용한 성찰을 포함한 사고에 의존하지 않을 것입니다. 명징한 마음은 개념을 넘어선 지성의 일종입니다. 그것은 바로 일어난 그 순간의 상황에 지혜롭게 반응할 수 있습니다.

지난주 88세 된 어머니와 저녁을 함께 보냈습니다. 어머니가 고통스러워하고 불안해하는 모습을 보고, 안타까운 생각이 들면서도 그냥 짜증이 났습니다. 나는 이 짜증나는 마음이 어떻게 일어나고 있는지를 알아차리고 있었습니다. 그러자 그런 마음이 슬그머니 사라졌습니다.

대답   감정은 항상 지나가게 되어 있다는 것을 기억하십시오. 당신이 명상을 하고 있지 않을 때에도 모든 것은 변화하고 지나갑니다. 그러나 종종 감정은 '뜨거운' 채로 남아 있습니다. 법의 언어로 핵심적으로 질문하자면, 감정이 뜨거운가, 또는 차가운가 하는 것입니다. 깨어있게 되면 감정은 '차가운' 것으로 갑니다. 마치 이빨 빠진 뱀처럼 뱀 소리는 있지만 그 독은 없습니다.

그러나 이것이 당신에게 연세 든 어머니를 돌보는 능력이 없어진다는 것은 아닙니다. 깨어있음 수행은 차갑게 멀어지는 것이 아닙니다. 그것은 집착하지 않는 것입니다. 친밀함과 깨어있음은 공존합니다. 사실 집착하지 않는 마음이 자애와 사랑이라는 대단한 감정으로 표현됩니다.

나이 들고 병들어 힘들어하는 아버지에 대한 건강한 애착과 바람직하지 않은 집착을 구별하는 데 도움을 줄 수 있나요?

대답　　나는 이런 질문을 섬세하고 마음이 따뜻한 수행자들에게서 종종 받습니다. 이 질문에 대해 좀 더 심각하지만 보기에는 다소 엉뚱한 이야기로 대답하겠습니다. 좌선하는 것을 봅시다. 나는 앉아서 명상하는 것을 좋아합니다. 그것은 완벽한 자리입니다. 나의 무릎과 등은 상하지 않습니다. 똑바로 앉아서 깨어있는 자세를 취하는 데 도움이 됩니다. 그러나 불행하게도 그것은 나의 것이 아닙니다. 그것은 수행 센터에 속합니다.

이제 수행 센터를 떠날 때, 방석을 가지고 집에 가면 어떻게 되겠습니까? 샤워할 시간인데 내가 방석을 너무 좋아해서 같이 샤워를 하나요? 만약 그렇게 한다면 집사람은 이렇게 말할 것입니다. "물에 젖은 방석을 들고 어쩔 셈이세요? 저녁 먹을 시간이에요." 그러면 나는 이렇게 말할지도 모릅니다. "저녁은 먹어야겠지만, 방석도 같이 가야겠는데."

어린아이가 곰 인형을 꼭 안고 있다면 귀엽고 사랑스러울 것입니다. 그러나 80대 노인이 물을 뚝뚝 흘리면서 방석을 들고 다닌다면 참 곤란합니다.

다르게 말하자면 누구든 그것은 지혜로운 집착이 아니라고 말할 것입니다. 이제 어떻게 해야 할까요? 당신이 고통받고 있다는 것을 보십시오. 붓다는 일어난 모든 것은 지나간다고 했습니다. 당신이 모든 것이 변하는 세상에서 어떤 사람에게 또는 어떤 것에 매달리게 된다면, 어떻게 행복할 수 있겠습니까? 삶이 우리에게 가르치고 있는 것은 변하는 세상에서 깨어있음은 유연하고 탄력적이어야 한다는 것입니다. 당신이 품고 있는 소중한 관계 심지어 소중한 물건을 즐기면서도 집착하지 않을 수 있겠습니까? 그것은 사랑이나 즐거움에 매달리지 않는 것입니다.

그러나 이분은 당신의 아버지입니다. 애착을 보이지 않는다면 이상하지 않나요? 당신의 수행이 성숙해지면 사랑과 집착을 구분하게 됩니다. 깨어있음은 집착과 자기 동정을 약화시킵니다. 그러나 사랑을 약화시키지는 않습니다. 뛰어난 수행자들은 강한 감정을 드러내거나 울지도 않는다고 믿는 분도 계신데 부디 완벽한 수행자라는 이상적인 모델을 세우지 마십시오. 우리 모두는 인간입니다.

질문 6   실연의 상처로 고통받고 있다면

얼마 전에 오래 사귄 남자 친구와 끝이 났습니다. 나는 수년 동안 명상을 했지만, 이 일로 인해 생긴 깊은 슬픔과 혼란을 다룰 수가 없습니다.

대답   다들 이런 슬픔을 공감할 것입니다. 이것은 부모의 사망과 직업이나 수입의 상실처럼 중대한 사건에서 느끼는 고통과 같습니다. 다시 한 번 간단하게 반복하자면, 당신의 마음이 안정되고 명징해지면, 모든 것을 볼 수 있기 때문에 아무리 힘든 것이라도 다루어갈 수 있습니다. 훈련된 마음은 거시적이고 미시적인 차원에서 변화의 여여함을 더욱 쉽게 터득할 수 있다는 것을 압니다. 바라봄의 기술은 오래된 인간관계, 가정, 안정된 직장처럼 얼른 보기에는 변하지 않을 것조차도 결국 무상하다는 것을 이해하게 해 줍니다. 언젠가는 젊음, 건강 그리고 삶 자체를 잃을 수밖에 없다는 것을 알면서도 능동적으로 살아갈 자신이 있습니까?

그러나 실연과 같은 엄청난 상실을 경험하게 되면 너무나 슬프거나 화가 나서 이런 말들이 귀에 들어오지 않을 수도 있습니다. 그러므로 나는 다시 한 번 말합니다. 주의 집중을 극대화할 수 있는 대상인 호흡으로 잠깐 돌아오십시오. 또는 두 번째 단계인 닻으로서 호흡을 이용해 스스로의 고통을 살피는 수행을 하십시오. 마음이 평온해지고 안정되면 그 슬픔과 상실감을 바로 들여다볼 수 있을 것입니다.

질문 7　　**자녀와의 관계는 어떤가**

가장 친밀한 관계에서 집착을 버리는 수행으로 다시 돌아가고 싶습니다. 자녀를 키우고 보살피는 입장에서 우리가 취할 태도는 어떤 것입니까?

대답　　어머니와 아이 사이의 관계는 정말 가장 도전적인 문제입니다. 어머니들은 말합니다. "어떻게 내 자식에게 애착을 느끼지 않을 수 있나요? 나는 자식을 사랑해요." 그러면 나는 이렇게 말합니다. "아주 좋은 일입니다. 당신의 자식은 정말 좋겠네요." 그러나 나는 사랑과 애착의 차이를 조심스럽게 들여다보라고 합니다. 관계 수행을 하면 집착과 사랑을 알아차리기 시작하고, 집착하는 경우가 줄어들기 시작한다는 것을 압니다.

깨어있음은 당신이 가장 사랑하는 사람들에게 매달리는 감정을 약화시켜 줍니다. 불안을 예로 들어봅시다. 지난주 내 손녀가 감기에 걸려 열이 났습니다. 할머니인 내 아내는 어쩔 줄을 몰라 하다가 열이 내리자 기분이 좋아졌습니다. 이렇게 가정생활은 마치 주식 시장과 같습니다. 나는 깨어있음을 하면 아내의 불안이라는 극적인 감정이 줄어들 것이라고 말했습니다. 그런데 아내는 이렇게 대꾸하더군요. "몰라요. 애를 응급실에 데려가야 하지 않을까요?" 결국 아내는 나의 말에 따라서 불안에 집중하자 아내의 불안은 약화되었습니다. 나는 아내에게 하루 한 차례 한 시간 정도 수행하기를 권유했습니다.

아내는 수행자가 아니기 때문에 바로 그 순간순간을 깨어있으라고 하지 않았습니다. 그러나 수행자인 부모와 조부모들에게는 순간순간 깨어있으라고 말합니다. 현재의 순간에 마음이 평온해지고 안정되면 의학적 위기나 심리적 위기에 잘 대응할 수 있습니다. 마음을 챙긴다고 나쁜 부모나 조부모가 되지 않습니다. 대다수의 사람들은 사랑이 깊을수록 고통도 깊다고 믿습니다. 그러나 붓다의 가르침에 따르면 고통은 대개 유익하지 않은 생각이나 행동을 말합니다. 고통이 반드시 사랑을 예견하는 최고의 지표가 될 수는 없습니다.

관계 수행이 깊어질수록, 극도로 화를 돋우는 아이의 행동에 더 현명하게 처신하고 있는지를 보게 됩니다. 불안, 분노, 부정을 동반하는 습관적인 반응이 약화되는지를 볼 것입니다. 그러나 사랑은 약화되지 않습니다.

다시 한 번 말하지만 사람 사이에 완벽하게 이상적인 관계란 없습니다. 우리는 스님이 아닙니다. 설령 스님이라고 할지라도 그들도 인간입니다. 그들도 깊은 감정과 애착을 가지고 있습니다. 우리가 수행을 하는 목적은 깨어있음과 솔직함을 닦는 것이지, 이상에 매달려 갈망하는 것이 아닙니다. 완벽의 추구는 지금 여기에서 드러나는 진리의 역동적 에너지를 고갈시킬 뿐입니다.

질문 8   일상 수행으로도 깨달음을 얻을 수 있는가

일상생활에서 관계 수행이 사마타나 위빠사나 수행과 같은 정도로 우리를 깨달음의 길로 인도한다고 정말로 믿습니까? 나는 확신이 들지 않습니다.

대답   솔직하게 말씀해 주신 것에 대해 감사드립니다. 깊이 살펴보면 많은 수행자들이 일상 수행으로는 집중 수행으로 얻을 수 있는 경지에 오르지 못한다고 생각합니다. 설사 관계 명상이 유익하다는 말에 동의하면서도 여전히 대부분은 집중 수행을 더 우월한 방법으로 여깁니다.

이 질문에 대답하기 전에 먼저 질문 자체를 들여다봅시다. 다르마 수행의 본질적 요소로서 관계의 가치를 의심하는 이유는 무엇일까요? 깨어있음을 그 질문이 나오는 토양으로 가져가서 어떤 일이 일어나는지를 봅시다. 저항감이 있거나 아예 무관심한가요? 부디 이 질문을 집으로 가져가서 수행거리로 삼아 보는 건 어떻습니까?

많은 사람들이 고통으로 인해서 불교에 입문하곤 합니다. 역사적으로 그렇습니다. 아예 스님이 되기도 합니다. 그러나 대부분은 명상을 한다고 해도 스님이 되고 싶은 것은 아닙니다. 그럼 어떻게 해야 할까요? 수행 센터와 안거 수행에 최대한의 시간을 보내고, 집에서 좌선 수행을 더 발전시키고, 바르게 살려고 애쓸 것입니다. 확실히 그렇습니다! 그럼에도 불구하고 그 외의 많은 시간들은 여러 근심과 활동들로 가득 차 있습니다. 결혼하고, 일하고, 부모님을 돌보고, 신용카드 빚을 갚습니다. 그리고 유기농 식품을 삽니다.

당신은 당신의 현실에 맞는 수행이 필요합니다. 그것은 모든 현실에 해당됩니다. 수행 센터에 앉아 있거나 어린 자녀를 안거나 상관없습니다. 그것은 모두 하나의 삶입니다. 앉아서 명상하는 것도 삶의 한 형태이고, 어린아이를 안는 것도 삶의 한 형태입니다. 삶의 여러 형태를 비교하고 우선순위를 부여하는 것이 정말 필요할까요?

붓다의 교육 모델은 가르침을 듣고, 그것을 이해했는지 확인하고, 그것이 나의 삶에서 유익한지 아닌지를 이성적으로 검증하는 것입니다. 이런 의미에서 관계의 가치를 포함해서 모든 가르침은 작업가설입니다. 그 작업가설은 실제 삶의 불길 속에서 탐구되어야 합니다.

이렇게 해 본 적이 있나요? 당신의 질문을 들으면 당신이 이렇게 해 보지 않았다는 것을 알 수 있습니다. 당신을 공격하는 것이 아닙니다. 좌선은 수행 센터에서 해야 하는 것 아닌가라고 생각하지 마시고, 당신이 있는 그 자리에서 시작하십시오. 당신이 의문을 알아차리면 법의 길에 다시 들어온 것입니다. 당신은 가르침의 어떤 점에 대해서도 의심할 수 있고 저항할 수 있습니다. 심지어 호흡을 알아차리는 것에 대해서도 마찬가지입니다. 동시에 두 번째 단계, 즉 호흡을 닻으로 삼는 것을 기억하십시오. 그 방법은 당신이 호흡을 이용해 사마디를 유지하면서 인간 상호작용의 스트레스에 통찰하면서 깨어있게 해 줍니다. 이 책에서 제시하는 세 가지 방법 모두는 관계를 포함하여 생생하게 살아가는 삶의 모든 부분들을 관찰하는 데 도움을 줍니다.

관계에 깨어있기가 깨달음의 비옥한 토양입니다. 관계는 나와 나의 것에 대한 집착이 얼마나 큰지를 드러내는 가장 풍부한 원천일 수 있습니다. 붓다는 자아중심화를 슬픔의 뿌리가 되는 원인이라고 지적했습니다. 동료나 낯선 사람과의 만남은 조용한 방에서 마음챙김을 하면서 결가부좌로 앉아 있는 것과 마찬가지로 우리를 해방시키는 힘을 갖고 있다는 나의 주장이 옳은지를 여러분들이 직접 탐구해 주기를 바랍니다.

끝으로 중국 선승인 성엄(聖嚴) 스님의 간명하고 아름다운 말씀을 들

려 드리겠습니다. "수행은 삶과 분리되어서는 안 됩니다. 그리고 삶
은 항상 수행이어야만 합니다."

크리슈나무르티와의 만남

지두 크리슈나무르티는 단순히 기성 종교를 비판한 것에 그치지 않고 종교가 오히려 자기 발견의 장애물이자, 엄청난 인간 고통의 근원이라고 생각했습니다.

이렇게 확실한 무종교주의자가 나의 첫 스승이었습니다. 45년 전 그를 처음 만났을 때, 나는 대학교수로 재직하고 있었지만 내 삶에 대해 상당히 혼란스러운 상태였습니다. 그의 가르침으로 나는 명상을 공부하고, 수행하고, 지도하는 길을 걷게 되었습니다. 참으로 행복한 삶이었습니다. 어떤 의미에서 그는 나의 마지막 스승이기도 합니다. 그의 핵심적인 가르침, 말하자면 우리의 내적, 외적 삶을 직접 보고, 본 것에서 배우라는 변치 않는 확고한 그의 주장은 내 삶을 활기차게 만들었고, 나에게 끊임없는 영감을 불어넣어 주었습니다.

내가 그에게서 처음 배운 것은 선택하지 않고 깨어있기였습니다. 그런데 나는 왜 오랜 수행 기간 동안 불교의 가르침을 받아들였을까요? 나의 대답은 간단합니다. 이 책의 프롤로그에서 밝혔듯이 선택하지 않고 깨어있기를 하기 위해서는 도움을 받아야 했습니다. 크리슈나무르티가 말로 가르쳐 준 것을 실제로 온전하게 행동으로 옮기기 위해서는 불교의 가르침과 수행이 수십 년간 필요했습니다. 적절한 환경에서 명상 기법을 배우고, 집중 수행과 묵언 수행을 익히는 법을 배워야 했습니다. 무엇보다도 나는 크리슈나무르티 이외에도 훌륭한 스승이 필요했습니다. 내가 만난 스승들은 인내심을 갖고 관대하게 가르침을 주었습니다. 특히 나는 평온함과 통찰력을 계발하는 데 도구가 되는 호흡을 알아차리는 붓다의 가르침에 깊이 매료되었습니다.

불교의 가르침을 공부하고 수행하는 동안에도 나는 크리슈나무르티의 가르침을 잊지 않았습니다. 그는 나의 근본 스승입니다. 무덤에서조차 붓다의 가르침에 대한 나의 사랑을 지속적으로 북돋워 줍니다. 이런 수십 년간의 세월 동안 그는 나에게 행복한 동반자와 같았습니다.

나는 수많은 불교 지도자들과도 좋은 관계를 맺고 있습니다. 아잔 차 법맥을 잇고 있는 아잔 수메도는 현대 미국 위빠사나 지도자입니다. 그는 말합니다. "깨어있음으로 우리는 선한 것, 악한 것, 옳은 것, 그른 것, 즐거움과 아픔 등 모든 것을 다 품에 안을 수 있습니다. 그것은 마음을 지배하려고 애쓰는 문제가 아닙니다. 그것은 크리슈나무르티의 말을 빌리자면 '선택하지 않고 깨어있기'와 같습니다. 거기에 깨어있음이 있으며, 우리는 어떤 대상을 선택하는 것이 아닙니다. 우리는 이것을 붙잡으려고 하거나 또는 저것을 제거하려고 애쓰는 것이 아닙니다."* 달라이 라마와 가깝고 존경받는 티베트 라마승인 삼동 린포체(Samdhong Rinpoche)는 크리슈나무르티와 오랜 시간을 보냈습니다. 그리고 자신과 크리슈나무르티 사이에는 아무런 근본적인 차이가 없다고 밝혔습니다. 단지 다른 점이라고 하면 불교는 상대적이고, 절대적인 진리에서 가르치지만, 크리슈나무르티는 절대적인 진리(위빠사나에서는 이것을 조건화되지 않은 것이라고 부릅니다.)에서 가르친다는 점입니다. 달라이 라마 자신은 크리슈나무르티를 개인적으로 세 번 만났습니다. 세계적으로 유명한 참여불교도이면서 '스리랑카의 간디'라고 불리는 아리야라트네(A. T. Ariyaratne) 박사는 나에게 자신은 불교도로 태어났지만, 명상에 대한 명징하고 깊은 크리슈나무르티의 설명을 듣기 전까지는 붓다가 『사념처경』에서 설법한 진리를 완전히 파악하지 못했다고 했습니다. 이 외에도 많은 사람들이 크리슈나무르티의 영향을 받았습니다.

크리슈나무르티의 영향은 이 책 곳곳에 스며 있습니다. 먼저 『깔라마경』을 수록한 것은 탐색하고 의문하라고 하는 배움의 태도와, 또한 자신의 경험에 비추어 가르침의 진실을 검증하라고 끊임없이 강조하는 크리슈나무르티에 대한 헌사입니다. 모든 불교 지도자들은 질문 정신을 높이 칭송했지만, 시간이 흐르면서 우리 대부분은 주어진 가르침과 수행

---

* 아잔 수메도, 『비우는 삶을 살아라(*Don't Take Your Life Personally*)』(불교출판그룹, 2010), 281쪽에서 인용.

에 안주해 버리고 있습니다. 크리슈나무르티는 그렇지 않았습니다. 그의 가르침은 질문의 불꽃을 되살려서, 지금 여기서 일어나고 있는 것에 대해 솔직하고 열려 있으라고 합니다. 이 책의 근본은 이런 가르침으로 되돌아가자는 것입니다. 나도 나의 제자들의 수행 능력과 수행 성향이 선택하지 않고 깨어있기를 강조하는 나의 열정과 잘 맞물리는지에 대해 의문을 가지고 재점검했습니다. 제자들의 바람과 나의 열정이 일치하지 않을 때에는 제자들에게 호흡 알아차림을 더 확실하게 가르치는 것으로 방향을 다시 잡았습니다.

다음으로 이 책에서 씨줄날줄처럼 크리슈나무르티의 영향이 스며든 점은 수행에서 관계의 중요성에 우위를 두는 것입니다. 물론 관계는 불교가 가장 언급을 많이 하는 주제이기도 합니다. 그 관계가 절집 안에서 일어나든지 일상생활에서 일어나든지에 상관없이 중요하고 의미 있습니다. 그러나 종종 붓다의 가르침에서는 우리의 삶을 조화롭게 이끌어 가기 위해서 계율에 현명하게 의지처를 마련하는 경우도 있습니다. 크리슈나무르티의 경우에도 관계를 조화롭게 만드는 계율의 정신은 있지만, 그 가르침은 자기중심화를 보는 데 도움을 주는 거울처럼 관계를 활용하는 것으로 확장됩니다. 삶의 모든 모습에 관계가 작동하는 것을 직접 봄으로써 붓다가 고통의 뿌리라고 말한 것을 약화시키거나 심지어 제거합니다. 고통의 뿌리는 나와 나의 것에 대한 집착입니다. 크리슈나무르티는 슬픔에서 해방되기 위해서 살면서 가장 문제가 되는 것을 수행의 과제로 변환시켰습니다. 이 책의 마지막 장에서 아주 자세하게 언급했듯이 관계를 수행으로 이해하는 것입니다.

  마지막으로 크리슈나무르티가 이 책에 미친 절대적인 영향은 삶과 수행이 분리될 수 없다는 점입니다. 내가 이 책에서 가장 강조한 점입니다. 앞서 도겐 스님의 가르침을 언급할 때 이미 탐구했듯이 불교의 가르침도 마찬가지입니다. 내가 불교를 알기 오래전에 크리슈나무르티는 이런 관점을 나에게 심었습니다. 그의 가르침은 자연의 본성에 대한 언급에서부터 도시인, 물질, 내면세계의 역동성에 이르기까지 거침이 없었습니다. 그것은 선택하지 않고 깨어있기의 작동이었습니다. 그가 수행이라고 부르는 것과 그가 삶이라고 부르는 것은 동일합니다. 많은 모습을 띠고 있지만 존재하는 것은 단 하나 바로 삶입니다!

  크리슈나무르티와의 첫 만남이 끝날 때, 그는 이렇게 강조했습니다. "당신이 실제로 어떻게 살고 있는지에 주의를 집중하십시오." 당신이 살고 있다고 생각하는 그런 삶이 아니고, 또한 당신이 반드시 그렇게 살아야만 한다고 생각하는 그런 삶이 아닙니다. 그날부터 이 가르침은 나의 마음속에서 불길처럼 타올랐습니다. 지금까지도 이 가르침은 나의 삶에 영감을 주고 있습니다. 지도를 하든 수행을 하든 사람을 만나든 걸어가든 이 책을 쓰고 있는 이 순간에도 나에게 영향을 미치고 있습니다.

마델린 드렉슬러(Madeline Drexler)와의 인터뷰 (2009년 8월 24일)

질문   크리슈나무르티가 당신의 삶과 가르침에 어떤 영향을 미쳤나요?

대답   그는 1986년에 사망했지만, 여전히 내 마음에 살아 있습니다. 내 안에 단단히 뿌리내리고 있습니다. 내가 만난 모든 스승들 중에서 그는 가장 강력한 힘을 발휘하고 있습니다. 단연코 그렇습니다.

질문   그가 무엇을 가르쳤기 때문에 또는 어떻게 가르쳤기 때문입니까?

대답   둘 다입니다. 그것을 따로 떼어서 생각할 수 없습니다. 그의 인품과 그가 가르친 내용은 내 귀에는 마치 음악과 같습니다.

1968년에 그를 처음 만났습니다. 그 당시 나는 브랜다이스 대학에서 사회심리학을 가르치고 있었습니다. 나의 동료였던 『모리와 함께 하는 화요일』의 저자 모리 슈워츠 교수가 크리슈나무르티를 만나 보라고 강권했습니다. "래리, 지난 몇 주 동안 뉴욕에 있으면서 '사회연구를 위한 새 학파 연구회'에서 초빙한 한 인도 신사의 강의를 들었어. 그가 무슨 소리를 하는지 잘 모르겠지만 그가 말하는 것이 네가 찾는 바로 그것이라는 것을 알았어. 그가 브랜다이스에 오고 있대."

"모리, 알았어, 알았어." 나는 시큰둥하게 답했습니다. "아니, 아니, 아니, 그의 강연을 꼭 들어봐야 해. 네가 그동안 찾던 것이야." "그래,

그가 말하는 게 뭐였는데?" "나는 실마리도 못 잡았어. 하지만 너를 위한 것이라는 것쯤은 알아. 정말이야." "알았어, 그의 이름이 뭐라고?" "크리슈나무르티." "그가 브랜다이스 캠퍼스에 오는 이유가 뭐지?"

모리는 심리학과의 제임스 클리(James Klee) 교수가 그 인도 신사의 초빙을 주선했다고 말했습니다. 매년 그들은 영화학과의 초빙객으로 전 세계에서 뛰어난 사람을 모시곤 했습니다. 크리슈나무르티는 일주일간 체류하는 것으로 예정되었고, 그의 강연은 모두 촬영되었습니다. 그의 이름을 들어본 적은 없지만 그냥 가서 들어보기로 했습니다.

그가 도착하기 일주일 전 하버드 광장에 있는 책방에 들러서, 크리슈나무르티라고 하는 사람의 책이 있는지 책방 주인에게 물었습니다. 저명한 저자들의 책만이 있는 그곳에 그의 책은 없을 것이라고 아주 확신했습니다. 놀랍게도 책방 주인은 서가에 있는 크리슈나무르티의 책 한 권을 가리켰습니다. 『이것들을 생각하라(Think on These Things)』라는 제목의 책이었습니다.

나는 그 책을 쭉 훑어보기 시작했습니다. 어떻게 이 책이 여기 서점에 있게 되었을까? 크리슈나무르티는 어린이들이 앞으로 직면하게 될 문제들에게 대해 이야기하고 있었습니다. 그의 언어는 간단하고, 알기 쉽고, 구체적이고, 직접적이었습니다. 나는 우리가 직면한 근본적인 문제들에 대해 그렇게 간단하고 깊게 설명한 책을 읽어 본 적이 없었습니다. 겉으로만 어린이를 위한 책이었습니다. 책을 읽어 나가면서 그의 글은 나의 가슴에 바로 파고들었습니다. 그때 내 나이 30대 중반이었고 교육받은 교수였습니다. 큰 감동을 받은 나는 망설임 없이 일주일간의 강의에 참가했습니다.

마침내 크리슈나무르티를 만난 것입니다. 그런데 당시 나에게는 또 하나의 상황적인 요인이 있었습니다. 이것은 크리슈나무르티의 등장이 나에게 왜 그렇게 강력한 충격을 주었는지를 설명하는 중요한 부분이기도 합니다. 그때 나에게는 학문의 세계를 떠나고 싶은 감정이 싹트고 있었습니다. 이전에 나는 하버드 의과대학의 정신과에 소속되어 있었는데, 전공이 맞지 않는다는 이유로 부당하게 비난을 받았습니다. 거기에서 겨우 2년 근무하고 즐거운 학창시절을 보냈던 시카고 대학으로 다시 돌아와 가르쳤습니다. 1년 후 브랜다이스 대학의 교수직 제안을 받아들였습니다.

결론적으로 말씀드리면, 하버드에서의 삶은 혹독한 대가를 지불하고 배운 것이었습니다. 신혼 6개월 차였던 나는 하버드에서 사회심리학을 강의하고 연구하는 것에 정말 '기고만장'했습니다. 그곳에서 만난 사람들은 자만과 신경증 그리고 불만에 가득 차 있었습니다. 물론 일부 사람은 만족스러워했습니다.

종종 하버드 셔츠를 입고 다니며, 여러 면에서 스스로 아주 즐거운 시간을 보냈습니다. 아파트를 하버드 광장에서 아주 가까운 곳에 마련했고, 이제는 집세를 내기 위해 대학원생 때처럼 룸메이트를 구할 필요도 없었습니다. 그것은 아메리칸 드림의 한 장면이었습니다. 나는 꿈을 이루었다는 생각에 한껏 도취되었습니다. 러시아에서 이민온 택시 운전사였고 초등학교 졸업이 학력의 전부였던 아버지를 포함하여 온 가족이 나의 성취를 자랑스럽게 여겼습니다. 나는 학문적인 낙원에서 살았습니다!

연구 실적도 훌륭했습니다. 대학원생임에도 불구하고 엄청난 학구열로 이미 한 권의 저서와 수많은 논문을 출판했습니다. 그러나 시간이 흐르면서 갈등이 생기고, 나 자신을 다른 사람에게뿐만 아니라 나 자신에게도 증명해야 하는 압박감을 스스로 심하게 느끼고 있었습니다.

어떤 환멸이 마음속에서 꿈틀댔습니다. 처음에는 하버드에서, 그 다음에는 시카고에서, 마지막으로 브랜다이스에서도 느꼈습니다. 점차로 나는 학문의 전당에는 잘못이 없다는 것을 깨달았습니다. 문제는 나였습니다! 오랫동안 애타게 찾아 헤맸던 내적 평화와 행복을 잘못된 장소에서 찾고 있었던 것입니다. 나 자신을 보지 않을 수 없었습니다. 당신이라면 어떻게 했겠습니까? 우선, 나는 나의 망상적인 생각을 만족시켜 주지 못한다고 '대학'을 비난하면서 그렇게 많은 정신적인 에너지를 낭비하는 짓을 그만두었습니다. 한때는 나의 정체성과 안정감의 기반이었던 것들을 상실한 후에 뒤따르는 비통함과 슬픔의 시기가 있었습니다.

이런 몇 가지 자전적인 회상이 내가 크리슈나무르티를 만났을 때 그와의 만남이 나에게 그렇게 지대한 영향을 미친 이유를 파악하는 데에 어느 정도 도움이 되기를 바랍니다. 그때 나의 내면은 변화의 갈망으로 한창 무르익어 있었습니다.

질문 ___ 이 환멸이 모리 슈워츠 박사가 암시하던 그것인가요?

대답 ___ 아마도 그럴 것입니다. 당시에 나는 뉴에이지에 관심이 많았고, 정신활성약물, 명상, 요가 그리고 식이요법에 관해 탐색하고 있었습니다. 그때는 내가 뭔가를 찾아나서는 아주 초기 상황이었습니다. 정말 이리저리 헤집고 다녔습니다. 그러나 실제로 알아낸 것은 그렇게 많지 않았습니다.

교수가 되려는 일념으로 정말로 학문 탐구, 연구 그리고 사회심리학 강의에 불이 붙어 있었습니다. 그러나 크리슈나무르티가 방문할 즈음에는 이미 이전의 학문적 열정은 내리막길을 걷고 있었습니다. 약간의 남은 잉걸불 외에 학문의 불꽃은 사그라들고 있었습니다. 마음에 대해 많이 알고 있었지만 대개는 다른 사람의 마음이었습니다. 정작 내 마음은 잘 몰랐던 것입니다.

그 시기에 크리슈나무르티를 만난 것입니다. 첫날의 모임은 비공식적이었습니다. 나는 그와 함께 방 안에 있었습니다. 내가 기억하기로는 학교 측에서 그에게 교수 클럽의 숙소를 마련해 주었습니다. 거기는 초빙 교수들이 묵는 곳이었습니다. 모리 슈워츠 교수의 주선으로 나는 그를 만날 수 있었습니다. 크리슈나지(모두들 그렇게 불렀습니다.)

와 나는 앉아서 이야기를 나누기 시작했습니다. 그는 영국 신사처럼 잘 차려 입었습니다. 여담으로 말하면 나는 스스로에게 미소를 지으면서, 하버드의 젊고, 신경증적이고, 신참 강사였던 나에게 두 유대인 노교수가 말했던 "여기서 성공하는 비밀은 유대인처럼 생각하고 영국인처럼 입는 것"이라는 의미가 바로 이것이구나 하고 생각했던 것이 기억납니다.

크리슈나무르티는 아름답고 세련된 옷과 구두를 착용하고 있었습니다. 그의 태도는 정중하고, 따뜻하고 아주 우호적이었습니다. 그러나 그와 처음 대화를 나눌 때 나는 상당히 불편했습니다. 왜일까요? 만난 지 얼마 되지 않았고, 우리 사이에 아무런 대화거리가 없었지만 그는 이완되어 있었고 편안하게 보였습니다. 그가 세계적으로 유명해서 그랬을까요? 아닙니다. 그는 올해의 인물 촬영을 위해 대학에 초대받은 것에 대해 스스로 조롱했습니다. 그는 크게 웃으면서 자신은 독서를 그렇게 많이 한 것도 아니고, 대학에 간 적도 없다고 말했습니다. 한 시간 남짓 자리를 같이 한 후 우리는 떠났습니다. 그가 이상할 정도로 나에게 관심을 보이는 것이 불편했습니다. 그렇지만 동시에 아주 편안하기도 했습니다.

나는 이미 나에게 관심을 보이고 주의를 기울이는 사람들을 알고 있었습니다. 예를 들면 나의 어머니와 아버지처럼 말입니다. "이 괴짜는 어떻게 지내고 있나? 학교에서 무슨 나쁜 일을 또 꾸미고 있는지 모르겠네?" 그것은 사랑스럽고 관대한 관심입니다. 그러나 또한 긴장과 걱정이 배어 있습니다. 나는 긴장감이 없는 그런 관심을 받는 것에 익숙하지 않았습니다. 신선했습니다. 이것은 크리슈나무르티에게서 배운 첫 번째 가르침이었습니다.

질문　　그가 보여 준 관심이 어떻게 다르게 느껴졌는지 자세히 들려주세요.

대답　　그는 완전히 편안했고, 자연스러웠으며, 아주 귀를 기울여서 듣는 것처럼 보였습니다. 그것은 "그래 인터뷰를 하러 왔으니까 이제 귀를 기울여서 관심을 보여야지" 하는 태도는 아니었습니다. 기억나는 중요한 점은 나의 불편함이었습니다. 나는 그에게 그의 저서 『이런 것들을 생각하라』를 읽었고, 아주 감동을 받았고, 그가 체류하는 일주일 동안의 프로그램에 참여하고 싶다고 말했습니다. 그는 이런 나의 말에 금방 답하지 않았습니다. 내가 기억하는 바로는 그냥 나의 손을 잡으면서 그리고 나와 눈을 맞추면서 단순히 "좋습니다."라고만 말했습니다. 그는 프로그램에 나를 오라고 하지도 않았고, 부추기지도 않았습니다. 아무것도 없었습니다.

그의 강의에는 많은 사람들이 참석하지는 않았습니다만, 나는 한 번도 빠지지 않고 참석했습니다. 들으면 들을수록 모리 슈워츠 교수가 옳았다는 것을 알았습니다. 크리슈나무르티가 말하는 것 모두를 이해할 수 없었습니다만 사고와 지식의 한계, 직접 보는 것과 질문의 강조, 질문과 의문의 장려 등 그가 말하고자 하는 것들을 나름대로 파악할 수 있었습니다. 그는 자기 발견을 위해서 이런 것을 더 많이 배우도록 영감을 불어넣었습니다.

그를 보면 아버지가 떠올랐습니다. 그러나 더 편했습니다. 나의 아버지도 아들인 나에게 모든 것에 의문을 던지라는 엄청난 특권을 주었습니다. 그래서 나는 이 아름답게 차려입은 인도 신사에게 이상할 정도로 편안한 느낌을 받았습니다. 그의 피부가 인상적이었다고 기억합니다. 주름이 없었고 아주 젊게 보였습니다. 그때가 1968년이었습니다. 그의 나이를 짐작할 수 있겠죠. 그는 1986년에 사망했습니다.

질문 아마도 73세였겠군요.

대답 공개 강의 중에도 청중들은 아주 부산했습니다. 몇몇이 흥미를 보이곤 했습니다만, 길고 지루한 지적인 질문들이 있었습니다. 그는 꼼꼼하게 대답했습니다. 나는 나를 포함하여 대부분의 사람들이 그가 말하는 것을 제대로 이해하지 못한다고 생각했습니다. 그렇지만 나는 매혹되었습니다.

강의에서도 그렇지만 나에게 더 강하게 영향을 미쳤던 것은 매일 그와 단 둘이 시간을 보낼 기회가 있었다는 사실입니다. 다른 사람들이 별로 관심을 보이지 않았기 때문에 가능한 일이었습니다. 그때 캠퍼스 주위에는 나무들이 많았습니다. 나는 무슨 의미인지도 모른 채 '명상'이라는 말에 완전히 빠졌습니다. 그에게 명상을 지도해 달라고 몇 번이나 요구했지만, 그는 미소만 지을 뿐 침묵했습니다.

처음 산책을 했을 때, 그는 "우리가 아무 말도 하지 않고 침묵 속에서 걸어도 괜찮겠습니까?"라고 물었습니다. 나는 그것이 좀 이상한 질문이라고 생각했습니다. 나는 다른 사람과 같이 산책하는 데 익숙했지만, 대개는 말을 하면서 산책했습니다. 크리슈나무르티와 나는 30분, 45분, 한 시간 동안 캠퍼스를 돌면서 숲 속에서 산책했습니다. 처음에는 좀 어색했지만 점차 그와의 산책이 좋아지기 시작했습니다. 그는 침묵 속에서 편안하게 산책했습니다. 그리고 나 역시 편안했습니다. 아주 새로운 경험이었습니다.

나는 혼자서 그리고 가까운 친구들과 이전에 침묵 속에서 산책을 한 적이 있습니다. 예를 들면 대서양 해변을 따라서 걷거나 미시간 호를 걷기도 했습니다. 그러나 나는 이 사람을 이전에는 전혀 알지 못했습니다.

질문　　그 경험은 어떠했나요? 당신은 길을 따라갔나요? 그는 나뭇잎을 쳐다보거나, 나무에 다가가기라도 했나요? 하늘을 쳐다보고 있었나요? 당신은 멈추었나요?

대답　　그는 잠깐씩 쉬기도 했습니다. 새가 지저귀면 그는 멈춰 서서 말했습니다. "몇 분 동안 들어봅시다." 우리는 그렇게 했습니다. 또는 그가 멈추고 미소를 지었습니다. 그러나 그는 일부러 무슨 일을 하듯이 하지는 않았습니다. "자, 이제 멈춥시다. 자연스러운 방식으로 명상을 가르쳐 드리겠습니다." 그는 그렇게 하지 않았습니다. 대개는 그냥 걸었고 침묵 속에서 움직이는 것을 즐겼습니다. 때로는 울창한 숲 속이었고, 때로는 길 위였습니다. 그는 아주 행복하게 보였습니다. 내가 즐기면서 계속 반복해서 산책하는 것을 보았고, 그래서 우리는 그의 남은 체류 기간 동안 매일 그렇게 산책을 했습니다.

브랜다이스를 떠나기 하루 내지 이틀 전이었습니다. 같이 산책하면서 그는 멈추어 서서 이렇게 말했습니다. "아무 거라도 집으세요. 나무줄기, 잎, 꽃, 나뭇조각이라도 상관없습니다. 몇 분 동안 아무 이름도 붙이지 않고, 아무것도 생각하지 말고 그냥 보세요. 단순히 그리고 솔직하게, 마치 처음인 것처럼 말입니다. 그냥 그것을 보세요. 잠깐 동안 그렇게 해 보도록 합시다." 그는 길게 이야기하지 않았습니다.

내가 무엇을 집었는지 확실히 모르겠습니다. 아마도 나뭇잎 하나 또는 몇 개의 나뭇잎이었던 같습니다. 처음에는 내 마음이 너무 부산해서 이렇게 하는 것에 별로 기분이 좋지 않았고, 이렇게 단순하게 집중하고 싶지 않았습니다. 단순히 보는 것에 저항이 있었던 것이 분명했습니다. 나는 크리슈나무르티를 슬쩍 훔쳐보았습니다. 나뭇잎을 보는 데 시간이 꽤 흘렀고 다시 걷기 시작할 낌새라도 있을까 해서였습니다. 잠시 후 내 마음이 조금은 안정되었습니다. 나는 단지 보기만 했습니다. 그런데 갑자기 그 나뭇잎이 흥미로워졌습니다. 믿을 수 없을 정도로 마음에 감동을 받았습니다. 전혀 기대하지 않았던 일이었습니다. 새롭게 생생한 태도로 평범한 그 나뭇잎을 정말로 보기 시작했습니다. 그 형태, 색, 잎맥, 잎줄기 등은 정말로 나의 흥미를 끌었습니다. 그것은 그대로 살아 있었습니다. 초록색은 정말 초록색이었습니다! 거기에는 작지만 온 세계가 움직이고 있었습니다.

그가 물었습니다. "음, 어때요?" "굉장하군요. 정말 아름다워요." 그리고 계속 이어졌습니다. 나는 그에게 얼마나 감동을 받았는지, 얼마나 많이 보았는지, 얼마나 많이 배웠는지에 대해 말했습니다. 이전에는 그렇게 자세하게 흥미를 갖고 있지 않았던 것입니다. 나는 자연에 대해 대충 알고 지나갔던 사람이었습니다. 그런데 이제는 정말 거기에 가까워졌습니다. 그것은 굉장히 감동스러운 경험이었고 나를 사로잡았습니다.

"좋아요. 명상하고 싶으면, 그냥 앉아서 마음을 다해 지금처럼 해 보세요." 그것이 전부였습니다. (웃으면서) 그리고 우리는 다시 걸었습니다.

한번은 매일 강의와 토론회에 오는 몇몇 교수들이 교수 클럽에서 칵테일 모임을 열었습니다. 크리슈나무르티는 항상 잘 차려입었습니다. 모임이 비공식적일 때에도 그는 멋지게 입었습니다. 칵테일 모임이었지만 마치 영국에 있는 것 같았습니다. 타이와 조끼, 그리고 재킷을 입은 완전한 정장 차림이었습니다. 마치 '명작 극장' 작품에서 금방 걸어 나온 인물 같았습니다.

첫 오후 간담회가 끝난 다음, 그가 나에게 말했던 것을 기억합니다. "4시인데, 칵테일 마실 시간이 아닌가요?" 그는 상류층 영어를 구사했고, 나는 그것이 즐거웠습니다. 그는 담배를 피우거나 술을 마시지 않았습니다. 그는 평생 채식주의자로 살았습니다. 그 당시 나는 그의 대단한 삶에 대한 이야기를 전혀 알지 못했습니다.

그리고 우리는 교수 클럽에 갔습니다. 내가 알게 된 첫 사실은 그가 교수 클럽의 분위기에 아주 기품 있게 잘 어울린다는 것이었습니다. 그에게는 뭔가 호소력이 있었습니다. 그가 무엇을 마셨는지 모르지만, 술은 아니었습니다. 그는 다른 교수들과 이야기했지만, 거기에 온 교수들 대부분은 그를 만나기 위해서 온 사람은 아니었습니다. 몇몇 교수는 그에게 질문을 던졌습니다. 그들은 간담회에 몇 번 온 사람들이었습니다. 그는 대답했습니다. 아주 편안하게 대화했고 그는 자신의 것을 마셨고, 그들은 그들의 것을 마셨습니다. 나는 그들 대부분 또는 우리들 대부분은 그가 진정으로 말하고자 하는 것이 무엇인지를 모르고 있다고 생각합니다. 그러나 아무도 신경 쓰는 사람은 없었습니다.

나는 그가 "교수 클럽에 갑시다."라고 먼저 말하는 것을 보고 놀랐습니다. 그리고 일단 거기에 가면 아주 편안해했습니다. 그는 거기에 있는 다른 모든 사람들과 아주 달랐습니다. 그는 인도 사람이었을 뿐만 아니라, 술을 마시지도 않았습니다. 그는 또한 교수도 아니었고, 실제로 어떤 정규 교육도 받은 적이 없는 사람이었습니다.

그는 유머 감각이 있었고, 아주 따뜻했고, 지나칠 정도로 예의에 밝았습니다. 정말 정중하게 예의에 밝았습니다! 그는 말 그대로 완전한 영국 신사였습니다. 나는 결코 잊을 수 없습니다.

질문　크리슈나무르티에 대해 피상적으로 알고 있는 사람들은 그를 엄격하고 관념적인 사람으로 생각합니다. 그 좌담회에서 그런 면들을 보았나요?

대답　그에게 엄격한 점은 없었습니다. 내가 본 것은 때로는 그가 절제되어 있다는 점이었습니다. 나는 그것을 호의적으로 평가합니다. 아무 메모도 없이 그는 말하지만 뜨겁게 타오르 듯합니다. 그에게서 놀라운 에너지가 나옵니다. 그는 아주, 아주 열정적입니다. 어떤 사람은 이것을 냉정하다고 해석하고, 어떤 사람은 가혹하고 엄격하다고 말합니다. 나는 검소하고, 간명하고, 직접적인 의미에서 절제되어 있다고 말합니다. 바로 핵심으로 들어갑니다. 그리고 '외교적'이지 않은 것은 분명합니다.

나는 그를 관념적이라고 생각하지 않습니다. 나는 이제 그의 가르침을 잘 압니다. 어떤 사람에게는 관념적으로 보일지 모릅니다. 왜냐하면 그에게는 너무나 명료한 것은 깊은 침묵에서 나오기 때문입니다. 우리가 알고 있는 우리의 내적 삶으로 판단하기 어려운 점이 있기 때문입니다. 그는 일상적인 삶에 그런 에너지를 불어넣는 듯합니다. 적어도 나의 경우는 그랬습니다. 멀게 느껴지거나 불편하지 않았습니다.

공식적인 강의가 끝나고 나면 그는 종종 나의 손을 잡았습니다. 마치 다정한 할아버지같이 아주 따뜻하고, 애정 어리고, 즐겁고, 유머에 가득 차 있었습니다. 내가 말을 하면 그는 주의 깊게 들었습니다.

무엇이든지 질문을 하라고 말했습니다. 수사적인 표현이 아니었습니다. 그는 나를 어떤 곳으로 밀어 넣거나 추종하라고 하지 않았습니다.

몇몇 교수들은 등 뒤에서 이렇게 말할 것입니다. "그래 좋아, 당신은 여러 인도 구루 중의 한 명이지." 세월이 흐르고 나서 생각해 보면 이것도 일리가 있는 말입니다. 그는 구루-제자의 관계를 원치 않았지만, 일주일 간 그와 함께한 우리들 몇몇은 경외심으로 그를 보기 시작했습니다. 그는 이런 찬사를 무시했지만, 우리는 그를 구루로 대접했던 것은 분명했습니다. 우리는 경험이 부족했고, 개념적 지식이 줄 수 없는 어떤 영양분에 굶주려 있었습니다. 수년이 흐른 후 나는 마침내 그를 이해했습니다. 그가 진정으로 원한 것은 우리 각자가 '우리 자신의 등불'이 되는 것이라는 데 한 치의 의심도 없습니다. 나는 이 호리호리한 노인에게 무한한 존경과 감사를 보냅니다. 동시에 그도 한 사람의 인간이었다는 것도 명확하게 보았습니다. 그는 자신의 부족한 점도 같이 공유했습니다.

그 후에 오자이 캘리포니아의 오크 글로브에서 그를 본 적이 있습니다. 강의하기로 되어 있는 장소로 걸어가는 것을 보았는데, 간편하고, 우아하고, 스포티한 옷을 입고 있었습니다. 마치 캘리포니아 사람 같았습니다. 가슴에 사무치는 깊은 인상을 받았습니다. 대개 과거에는 내면의 대단한 깊이를 지니고 있는 사람은 자신의 수행처를 떠나려고 하지 않았습니다. 이와는 달리 그는 온 세상이 그에게 오고자 했고, 또한 그 자신이 인도 전역을 다녔습니다. 빈틈없이 차려입고, 완벽한 영어를 구사하고, 온 세상을 다니면서 끊임없이 가르치고, 와서 듣고자 하는 사람이라면 누구든지 만나는 사람이었습니다.

그는 항상 그 문화에 맞게 옷을 입었습니다. 그가 인도에 있으면 그는 인도 전통 의상을 입습니다. 그가 여기에 있으면 그는 편안한 운동복을 입습니다.

나는 그가 하고자 하는 것에 대해 깊은 감동을 받았습니다. 지적이지만, 사실은 무지한 우리의 질문을 들어야만 하는 그의 입장이 그렇게 쉽지는 않았을 것입니다. 거기에는 단순한 여과 장치 이상의 것이 있었습니다. '동양의 지혜'에 익숙하지 않거나 또는 아주 낭만적인 생각을 가지고 있지 않는 한은, 그 지독한 더위와 비위생적인 환경, 그리고 문화적인 차이를 감내하면서까지 굳이 인도에 가려고 하지 않을 것입니다. 크리슈나무르티는 누구에게나 열린 마음으로 대했습니다. 그는 교수와 학생뿐만 아니라, 청소하는 사람에게도 아주 우호적이었고, 심지어는 애정을 보이고 있다는 것을 나는 알 수 있었습니다. 그는 아무런 차별을 두지 않았습니다.

그는 다음과 같이 말하면서 우리가 무엇을 어떻게 해야 하는지에 대해 계속 언급했습니다. "이런 구루들에게 귀를 기울이지 마십시오. 당신은 어떤 도움도 필요 없습니다. 당신은 할 수 있습니다." 그의 에너지는 대단했습니다.

질문　그의 유머에 대해 언급했는데 기억나는 것이 있나요?

대답　그의 유머는 반종교적인 이야기가 대부분이었습니다. 농담도 있었습니다. 다른 사람과 대화할 때는 재미있게 이끌어 갔습니다. 나에게는 다소 비꼬는 언급도 종종 있었습니다.

한 번은 인도 신사가 그에게 물었습니다. 아마 브랜다이스에서 일어난 일이었을 것입니다. "크리슈나지, 매일 요가를 한다고 알고 있는데, 요가 호흡법과 요가를 매일 하죠?" 크리슈나무르티는 대답하지 않았습니다. 단순히 듣고만 있었습니다. 그러자 그 사람이 다시 말했습니다. "요가를 하는 것은 정말 좋아요, 그렇지 않아요? 당신에게 에너지를 듬뿍 주지요." 크리슈나무르티는 그를 쳐다보면서 말했습니다. "그렇습니다. 많은 에너지를 주죠. 그리고 더 못된 것도 주죠!" 그는 종종 사물의 정체를 폭로하곤 했습니다. 일단 당신이 무엇에 안착하면, 당신이 깔고 앉은 담요를 잡아당겨 버립니다. 나는 그의 이런 성향을 경험했고 그것을 높이 평가합니다.

질문　그가 강연을 마치고 떠날 때 "집을 정리하라."는 충고의 말을 했다는 것이 기억납니다. 은유적인 표현 같은데 이 말의 진정한 의미가 무엇인가요?

대답　그때는 그가 브랜다이스 교수 클럽에서 짐을 챙겨서 떠나려고 할 때였습니다.

체류 기간의 거의 마지막이었습니다. 그는 마지막으로 보스턴 전 지역에 있는 교수들을 대상으로 강연하기로 되어 있었습니다. 여기저기서 많은 교수들이 왔습니다. 아주 생생하게 기억합니다. 그가 이곳 대학을 떠나서 집으로 돌아가기 전의 마지막 강연이었거든요. 그가 세빌 로우 양복을 입고 앉아서 강의를 할 수 있도록 주최 측에서 마련해 주었습니다. 세빌 로우 양복은 런던의 최상위층이 입는 맞춤 양복입니다. 그는 나에게 수년 동안 몸무게의 변화가 없어 같은 양복을 입고 있다고 말했습니다.

그는 결가부좌의 자세로 앉았습니다. 주최 측은 교육에 대해 말해 주기를 원했습니다. 강연 제목은 '고등교육의 미래'였습니다. 그는 교육에 대한 기본 철학과 나란 무엇인지에 대해 이해하는 것이 얼마나 중요하고 긴급한가에 대해 언급했습니다. 마지막으로 브랜다이스 학장이 다소 공격적인 어투로 질문했습니다. "크리슈나무르티 선생님, 이때까지 말씀이 옳다고 하면 향후 고등교육의 미래는 어떻습니까?" 크리슈나무르티는 아주 조용하게 말했습니다. 정말 생생하게 기억이 납니다. 마치 지금 내 눈앞에서 일어나는 것 같습니다. 그는 아주 침착했지만, 약간은 망설이면서 그리고 아주 부드럽게 말했습니다. 마치 이렇게 말하기 싫은 것처럼, "솔직히 말하자면, 학장님, 나는 고등교육에 아무런 희망도 없습니다."

나와 몇몇 교수들을 제외하고 거기 모인 약 40~50명의 교수들은 엄청난 우울감에 휩쓸려 버린 듯이 보였습니다. 나는 내면에서 행복감으로 춤을 추고 있었습니다. 그것은 내 마음속에서 자라고 있었던 변화를 옹호해 주는 것이었습니다. 크리슈나지가 깊이와 지성을 갖고서 분명하게 제시했던 것입니다.

나는 작별 인사를 하기 위해 그의 방으로 갔습니다. 그는 짐을 꾸리고 있었습니다. 그 시간 내내 같이 있어도 별로 개의치 않았습니다. "크리슈나지, 어디에 살아요?" 그때 나는 그를 '크리슈나지'라고 부르고 있었습니다. "나의 공식적인 집은 캘리포니아 오자이입니다. 그러나 나는 세상 전부에 있어요." 그는 짐 가방을 가리키며 "이것이 나의 집이에요."라고 말했습니다.

그가 짐 꾸리는 것을 내가 아주 유심히 바라보는 것을 보고는 이렇게 말했습니다. "자주 짐을 꾸리다 보니 이런 일에 아주 익숙하답니다. 예전에는 일상용품들이 여기저기에 흩어져 있었어요. 그래서 신경을 많이 써야 했지만, 이제는 이것은 여기에 있고 저것은 저기에 있어요. 나는 그것들을 깔끔하게 다시 담기만 하면 됩니다. 그렇게 되면 짐 꾸리는 일은 훨씬 쉬워지지요."

나는 고등교육이라는 주제의 강연에 대한 소감을 전하면서 내 경험을 얘기했습니다. 그것은 대학의 잘못이 아니다, 그러나 나는 대학이 나를 위해서 해 줄 수 없는 어떤 것을 찾고 있다, 외부적인 성공은 나를 만족시켜 주는 데 한계가 있다, 그래서 내가 이 방향으로 온 것이다 등을 말했습니다. 또한 내가 막연히 알고 있던 것을 그가 아주 명확하게 언급했을 때, 현재 내가 처한 상황과 '교수 래리'가 오랫동안 힘들게 끌고 온 낭만적인 꿈 사이에 더 큰 괴리가 생겼다고 말했습니다.

왜냐하면 대학 내 친구와 동료들 중 아무도 그런 결론에 대해 명료하게 말해 주지 않았기 때문입니다.

분명히 나는 크리슈나지와 같은 사람의 도움이 필요했습니다. 나는 스스로에 대한 신뢰를 잃어버렸습니다. 나에게 경험이 필요하다는 것을 알았습니다. 그렇다고 미성숙하고 반항적인 반응은 아니었습니다.

크리슈나무르티는 아주 차분하게 말했습니다. "좋습니다. 자, 당신은 교수입니다. 다른 먹고살 방법이 있습니까?" "단연코 없습니다." "가족은 어떻습니까?" "그들도 돈이 없습니다." "그들과 싸우지 마십시오. 그들이 이깁니다. 수도 많고 더 강력합니다. 변화가 당장 일어나지 않습니다. 당신의 일에 집중하십시오. 당신 자신에게 열심히 일하십시오. 그리고 교수 입장에서 잘하십시오. 무엇을 가르치든지 그것에 잘하십시오. 그들에게 무엇을 하라고 하거나, 그들을 설득시키기 위해 시간을 낭비하지 마십시오. 안 통합니다." 그리고 그는 말했습니다. "당신 자신의 집을 정리하십시오. 먼저 당신의 집을 정리하십시오."

그 당시 나는 대부분의 독신 남자처럼 살고 있었습니다. 옷들은 여기 저기 흩어져 있고 집은 아주 지저분했습니다. "아, 나의 집을 잘 들여다보고, 깨끗이 정리하고, 제대로 물건을 치우고, 설거지를 잘하라는 의미군요. 그렇죠?" 그는 약간 놀라는 듯이 보였습니다. "아, 그래요, 그래요. 거기부터 시작하세요. 내가 말하는 것에는 그 이상의 것도 있지요." 그러면서 자신의 심장을 가리켰습니다. 내면을 의미했습니다. "아, 알겠습니다."

이제 떠나야 할 시간이었습니다. "마지막으로 나에게 남길 가르침은 없습니까?" "딱 하나 있습니다. 당신이 실제로 어떻게 살고 있는지에 주의를 집중하십시오." 실제로. 그는 이 '실제로'를 강조했습니다. 실제로 어떻게 살고 있는가? 당신이 생각하는 대로가 아니고, 당신이 그렇게 살아야 한다는 의무에서가 아닙니다. 순간순간 실제로 어떻게 살고 있습니까? 그는 말합니다. "핵심은 관계입니다. 사람, 자연, 물건, 돈, 모든 것에 대한 관계입니다. 그리고 자기 자신과의 관계입니다. 사람들은 그것을 자기 지식 또는 자기 앎이라고 부릅니다. 어떻게 부르든 간에 당신이 실제로 어떻게 살고 있는지에 주의를 집중하십시오." 그 단어 '실제로'가 나의 머리를 불타듯이 뚫고 지나갔습니다. 그리고 나는 그의 방을 떠났습니다. 내가 직접 경험하기 전까지는 그것이 정확하게 무엇을 의미하는지 알지 못했습니다.

그가 나에게 새로운 방향을 제시해 준 처음 만남 이후로 수많은 세월이 흘렀습니다. 2년 후 나는 대학을 그만두고, 명상과 요가를 배우기 위해 아시아 등지를 떠돌아 다녔습니다. 10년간 한국, 일본, 베트남에서 참선을 배웠고, 30년간 태국, 미얀마, 스리랑카, 캄보디아 그리고 인도에서 위빠사나를 수련했습니다. 그리고 이제는 수년 동안 불교 명상을 가르치고 있습니다. 매사추세츠의 케임브리지에 수행 센터까지 세웠습니다.

그러는 동안 기회가 닿는 대로 '크리슈나무르티'를 보거나 만났습니다. 주로 뉴욕이나 오자이에서였습니다. 나는 그의 책과 비디오 그리고 녹음테이프를 곁에 두고 시간이 날 때마다 듣고 보았습니다. 그것은 나의 삶을 더 낫게 변화시켰고, 나는 이것을 매일 실감하고 있습니다. 그는 무덤에서까지 나를 도와주고 있습니다.

내가 기억하고 있는 것은 크리슈나무르티와의 개인적인 만남에서 배운 교훈입니다. 그의 말은 책으로도 읽을 수 있습니다. 나는 거의 매일 그의 책을 읽습니다. 그리고 이런 배움은 소중합니다. 그러나 그와 직접 만나서 배운 몇 가지 교훈들은 특별히 나를 변화시킨 것들입니다. 삶을 바꾼 것이라고 할 수 있습니다.

질문 ____ 그의 저작에서 '있는 그대로'는 항상 이탤릭체로 씌어 있습니다. 거기에 특별한 뜻이 있습니까?

대답 ____ 있는 그대로와 그렇게 되어야만 한다는 것 사이의 긴장은 그를 이해하는 데 핵심적입니다. 그가 말한 대부분은 이전에 그랬던 것 또는 미래에 그렇게 될 것 또는 그렇게 되어야만 하는 것에 우리가 엄청나게 매달려 있다는 것, 그러므로 그것을 끊어 내야 한다는 것입니다. 그렇게 해야 현재 여기서 일어나고 있는 것에 대한 실제적이고 생생한 경험을 친밀하게 대할 수 있습니다. 나도 이렇게 살아가도록 최선을 다합니다. 물론 이것이 내가 가르치는 핵심이기도 합니다. 내 삶과 가르침을 신선하고 생생하게 살아 있게 간직하는 것, 이것이 지혜로 들어가는 문입니다.

이제 뉴욕으로 갑시다. 그때 거기서 살아 있는 그를 마지막으로 보았습니다. 그는 유엔에서 강연을 하기 위해 뉴욕에 왔습니다. 누군가가 유엔 건너편에 작은 방을 임대해서 그를 초빙했습니다. 8명 남짓한 작은 그룹이었습니다. 그는 새로운 사람을 원하지 않았습니다. 이미 아주 강한 수행 기반을 가지고 그의 가르침에 친숙한 사람들이 그 자리에 모였습니다. 매일 오전 2시간, 오후 2시간 동안 공포를 주제로 일주일간 이야기를 나눴습니다.

나는 거의 1~2년 동안 그를 보지 못했었습니다. 그가 걸어 들어왔고 우리는 따뜻한 악수를 나누었습니다. 그의 피부는 여전히 아름다웠지만 너무나 수척해진 그를 보고 충격을 받았습니다. 회의 탁자의 맨 끝에 앉은 그가 말을 시작했지만 그의 몸은 여전히 수척해 보였습니다. 그러나 아주 강력한 에너지가 거기 분명하게 있었습니다. 대화에 대한 그의 열정은 여전했습니다. 그는 우리들이 나누는 대화에 깨어 있었고 명확했습니다. 너무나 멋진 최고의 한 주를 보냈습니다.

함께하던 한 주가 지나고 마지막으로 금요일 오후, 이제는 각자의 길을 가기 전 약 10분 정도의 시간이 남아 있었습니다. 그때 그의 나이가 88세, 아마 89세 정도였을 것입니다. 그는 우리의 주제와 완전히 벗어나는 무엇인가에 대해 말하기 시작했습니다. 그가 갑자기 약간은 혼란되고 집중력이 떨어지는 것이 아닌가 하고 생각했던 것이 기억납니다.

그가 말한 것을 대충 추려서 말하면 이렇습니다. "오늘 점심시간에 몇몇 친구들이 나를 세계에서 제일 유명한 보석 가게에 데려다주었습니다. 나의 손에는 아주 값비싼 보석이 있었습니다. 말할 수 없을 정도로 아름다웠습니다. 색, 재질, 절단면, 그리고 반짝이는 빛은 정말 대단했습니다. 나는 내 손에 잠시 동안 보석을 갖고 있다가, 조심스럽게 그것을 바라보았고, 그 속으로 꿰뚫고 지나갔습니다. 그것을 넘어섰습니다."

그는 자신의 손을 모았습니다. 갑자기 왼손으로 보석을 던지는 것 같은 자세를 취했습니다. 그러고는 오른손으로 그 보석을 대신하는 자세를 취하면서 극적으로 말했습니다. "공포는 바로 그 보석입니다!"

나는 너무 놀랐고 너무나 기뻤고 그리고 영감을 받았습니다. 그는 자신의 가르침의 엄청난 핵심적인 주제를 바로 보여 주었습니다. 그것이 살아생전 그를 마지막으로 본 때였습니다.

질문　　그가 뜻하는 것이 무엇입니까? 무엇을 말하고 있나요?

대답　　무엇이라고 생각하나요? 직접 찾아보세요! 나는 크리슈나지가 우리의 대화를 이런 식으로 끝맺음하는 것을 행복해할 것이라고 생각합니다.

──── 감사의 글 ────

크리슈나무르티가 1986년에 세상을 떠나자, 나는 누가 그의 가르침을 '전승받았을까'라는 질문을 스스로에게 했습니다. 자연스럽게 내 머릿속에서 인도의 아부 산에 살고 있는 위말라 타카라는 이름을 가진 여성이 떠올랐습니다. 그녀와 수많은 메일을 주고받은 끝에, 그녀는 케임브리지로 오라는 나의 초청을 받아들였습니다. 그리고 우리는 함께 수행을 하며 공부를 진전시켜 나갈 수 있었습니다. 그녀가 은퇴하여 인도에 있는 자신의 집으로 돌아가 세상을 떠날 때까지 우리는 수년 동안 그렇게 지냈습니다. 나는 이 책을 크리슈나무르티와 함께 그녀에게 헌정하고 싶었지만, 죽기 전 마지막 편지에서 그녀는 나의 제안을 받아들이지 않았습니다. 이 자리에서 그녀의 저작과 개인적 교류를 통해 내 삶이 얼마나 풍요로워졌는지 그리고 지금까지 내 영감의 원천으로 남아 있는지를 밝힙니다.

존 카밧진(Jon Kabat-Zinn)은 내가 신뢰할 수 있는 사람으로 거의 50년 동안 우리는 절친한 친구이자 동료 수행자로 지내고 있습니다. 그와의 끝없는 토론은 이 책의 가르침의 형태를 잡는 데 도움이 되었습니다.

매튜 다니엘(Matthew Daniell)과 도그 필립스(Doug Phillips)는 헌신적인 제자로 출발했지만, 이제는 친한 친구로서 동료 지도자로서 함께하고 있습니다. 위빠사나 명상에 대한 우리의 지속적이고 격렬한 논의는 그들이 상상하는 것 이상으로 나의 수행과 가르침을 풍성하게 해 주었습니다.

타니싸로 스님의 저작과 가르침은 마음챙김 호흡이 갖는 자유로운 힘에 대한 부처님의 가르침을 깊고 풍부하게 이해할 수 있도록 했습니다. 우리는 오랫동안 이 주제에 대해 의견을 나누었고 그의 세심한 지적과 충고는 대단히 유익했습니다. 몇 가지 점에서는 심할 정도로 의견 일치를 보지 못했지만, 그렇다고 해서 우리의 우정이 깨진 것은 아니었습니다. 오히려 우리의 관계를 더 견고하게 해 주었습니다.

나의 소중한 친구이자 제자인 제칼린 베네트(Jacalyn Bennett)는 이 책이 완성되도록 물심양면으로 도와주었습니다.

데니스 험프리스(Dennis Humphreys) 역시 헌신적인 제자의 관계에서 친구가 된 경우입니다. 그는 내가 수행 센터에서 가르친 것을 좀 더 유용한 형태로 만들어야 한다고 계속해서 나를 독려했습니다. 이 책이 그 결실입니다.

케임브리지 통찰명상센터의 수많은 수행자들 모두에게 감사합니다. 명상 수행에 대한 그들의 의견과 질문들, 그리고 방대한 양의 법문을 글로 옮겨 적어 준 것에 대해 특히 감사합니다. 그것들은 이 책의 출판을 위한 기초 자료가 되었습니다.

조 셰이(Joe Shay)는 이 책이 진행되면서 여러 도움을 주었습니다.

데이브 오닐(Dave O'Neal)은 푸근하면서도 절제된 말로 내가 풀어낸 이야기들에서 핵심을 짚어 냈습니다. 해박한 신사인 그와 함께했기에 더 유쾌하고 즐겁게 작업할 수 있었습니다.

전문 작가이자 편집자이기도 한 나의 친구 마델린 드렉슬러는 전체 원고를 꼼꼼히 읽어 보고, 전문적 내용을 보충해 주었습니다. 그녀 자신이 위빠사나 명상과 크리슈나무르티의 가르침을 사랑했기에 이 책의 에필로그에 실린 크리슈나무르티에 대한 나의 기억을 되살릴 수 있었습니다.

오랜 제자인 로라 짐머만은 최고의 실력을 갖춘 편집자이자 훌륭한 친구입니다. 그녀는 상당한 양의 법문을 체계를 잡아 정리하면서도 원래 법문이 가진 내용을 잃지 않도록 해 주었습니다. 그녀가 없었다면 이 책은 나오지 못했을 것입니다.

마지막으로 나의 아내 갈리너(Galina)에게 감사의 말을 전합니다. 아내 덕분에 집필하면서 쉬어갈 때와 끝내야 할 때를 알 수 있었습니다.

호흡이 주는 선물

초판 1쇄 발행 2016년 1월 5일
초판 5쇄 발행 2023년 9월 27일

지은이 | 래리 로젠버그, 로라 짐머만
옮긴이 | 미산 스님, 이성동
펴낸이 | 이수미
책임편집 | 김연희
북디자인 | 이석운, 김미연
마케팅 | 김영란, 임수진

출력 | 국제피알
종이 | 세종페이퍼
인쇄 | 두성피앤엘
유통 | 신영북스

펴낸곳 | 나무를 심는 사람들
출판신고 | 2013년 1월 7일 제2013-000004호
주소 | 서울시 용산구 서빙고로 35, 103동 804호
전화 | 02-3141-2233 팩스 | 02-3141-2257
이메일 | nasimsabooks@naver.com
페이스북 www.facebook.com/nasimsabooks
인스타그램 @nasimsabook

ISBN 979-11-86361-20-7 03220